IDÉES

SUR LES RELATIONS

POLITIQUES ET COMMERCIALES

DES ANCIENS PEUPLES

DE

L'AFRIQUE.

IDÉES

SUR LES RELATIONS

POLITIQUES ET COMMERCIALES

DES ANCIENS PEUPLES

DE

L'AFRIQUE.

Ouvrage traduit de l'Allemand de A. H. L. Héeren, Membre de plusieurs Académies, et Professeur de Philosophie à Gottingue.

TOME SECOND.

A PARIS,

Chez
{
Buisson, Imprimeur Libraire, rue Haute-feuille, n°. 20.

Pougens, Imprimeur Libraire, quai Voltaire, n°. 9.

A. J. Dugour, Libraire, quai Voltaire, au coin de la rue du Bacq.
}

Le dépôt est chez le Traducteur, rue des vieux Augustins, n°. 15.

An VIII, de la République Française.

ÉTHIOPIE.

CHAPITRE PREMIER.

Tableau géographique des peuples de l'Éthiopie.

Tant que nous n'acquérerons pas une connaissance plus exacte et plus complette des peuples qui habitent l'intérieur de l'Afrique, il restera nécessairement dans notre anthropologie des vuides, dont nous ne connaîtrons bien l'étendue et le nombre que lorsqu'il seront comblés. Cette observation est également applicable à l'état physique et moral de l'humanité ; elle est vraie sous l'un et l'autre rapport. L'Afrique, à cause de sa position, offre incontestablement plus de diversité dans l'état physique de l'espèce humaine, qu'aucune autre partie du monde. Ne pourrait-on pas déduire de ce fait la conséquence que les différences

A

n'y sont pas moins nombreuses, sous le rapport moral ?

Pour celui qui veut approfondir l'influence du climat sur la nature et sur la forme et la couleur de l'homme, l'Afrique est la seule partie du globe qui présente une chaîne, non interrompue, d'observations. Ni l'Asie, ni l'Europe n'ont de continens qui s'étendent jusqu'à l'équateur. En Amérique, les effets du climat sont affaiblis par plusieurs causes, et d'ailleurs, la politique de Européens, depuis la découverte de ce nouveau continent, a tellement pris à tâche d'extirper, ou de corrompre les naturels du pays, et particuliérement les plus doux et les plus civilisés, qu'elle a fermé à l'observateur cette source précieuse de lumières. Les îles nouvellement découvertes dans la mer du Sud, ne sont que les anneaux d'une chaîne rompue. L'Afrique, au contraire, forme un tout immense, un continent qui commence dans la zône tempérée, traverse la ligne, dans une étendue presque constamment égale, va se terminer dans

la zône tempérée de l'hémisphère méridional, et est par-tout également couvert
de peuples qui, comme le bled, avant
que l'agriculteur ne le semât, protégés
par la seule nature, germent et mûrissent
sous mille formes variées.

Les habitans de la côte septentrionale
conservent encore, dans leurs formes et
leur couleur quelque ressemblance avec
les Européens. Le changement s'observe
plus, à mesure que l'on se rapproche de
l'équateur ; la couleur rembrunit ; les
cheveux deviennent plus laineux ; le
profil offre des différences frappantes ;
l'homme, enfin, devient un nègre parfait. Mais au delà de l'équateur, ces formes se modifient et s'altèrent dans le
même degré. Les Caffres et les Hotten-
tots, d'après ce que nous savons d'eux,
ont encore beaucoup des traits qui distinguent le nègre, sans cependant être des
nègres complets.

L'immense Afrique nous offre donc,
dans une chaîne non interrompue, toutes
ces variétés infinies de formes et de cou-

leur, dont le corps humain est susceptible, et qui occupent l'intervalle entre
les deux extrêmes, le blanc et le noir.
Et combien ne s'améliorera point un jour
cet important chapitre de l'histoire naturelle, lorsque des dessins fidèles, des descriptions et des recherches mieux faites,
nous auront mis en état de suivre pas à
pas, la marche de ces dégradations infinies, dont le très-petit nombre que nous
connaissons jusqu'ici, suffit à peine pour
poser les bases générales que je viens
d'exposer aux yeux des lecteurs !

Les richesses, que l'anthropologie-psy-
cologique pourra puiser à cette source,
seront peut-être encore plus considérables. Mais il nous manque des données qui
déterminent ce que l'homme est et peut
devenir dans ces contrées; car pour un tel
calcul, quel sera notre mesure? Sera-ce
ces infortunés qui, arrachés à leur
patrie à leurs amis, à tous les liens
sociaux, dont le cœur d'un négre,
quoi qu'on puisse dire, est susceptible,
soupirent au-delà des mers, sous la ty-

rannie des Européens , et dans lesquels le fouet étoufferait bientôt le moindre déve-loppement de leurs facultés intellectuelles. Ceux d'entre eux qui se sont le plus avancés au sein de l'Afrique , ne sont pas parvenus jusqu'à Tomboucto , ou à quelque autre des plus grands Etats de ce Continent. (1) Ce ne sont donc qui les rapports de Léon , ceux de la société Anglaise qui doivent fixer l'attention de l'observateur , quoi qu'ils ne soient rien moins que satisfaisans. La grande ques-tion de l'établissement des empires qui, jusqu'ici, n'a été qu'un objet de recher-ches purement spéculatives , pourra peut être être résolue ici, par l'histoire. La religion , la législation , le droit des gens , y sont encore dans leur enfance , mais ils s'y présenten sous les nuances les plus variées , et prouvent , d'autant

---

(1) Il est notoire que tous les esclaves négres , viennent du fond de l'Afrique , et que souvent ils ont été vendus dix fois et plus , avant d'arriver aux côtes.

de façons, leur influence sur l'homme encore grossier. Les grands mobiles qui ont tantôt accéléré, tantôt, entravé les progrès de la civilisation, dans les autres parties du monde; les émigrations, les grandes conquêtes de peuples plus ou moins civilisés; les systémes religieux aussi promptement étendus que formés, paraissent n'avoir eu aucune influence dans l'intérieur de l'Afrique. Le seul choc extérieur qu'aient éprouvé ces peuples, est peut-être l'extension du mahométisme, qui a pénétré jusqu'aux Etas du Niger; mais sans entraîner de conséquences rapides ni importantes. Là, les choses et les hommes sont abandonnés à eux-mêmes; là, tout suit la marche lente, mais assurée, de la Nature.

Parmi les peuples naturels de l'ancienne Afrique, il n'en est, après les Egyptiens, aucun qui mérite plus de fixer l'attention, que les *Ethiopiens*, un des peuples les plus fameux, et les plus inexplicables, depuis les premiers tems, jusqu'à nos jours! Le nom des Éthio-

piens est consigné dans les plus anciennes traditions de la plupart des nations
civilisées de l'antiquité. Les annales des
prêtres Egyptiens en étaient pleines. Les
habitans de l'Asie intérieure, de l'Euphrate et du Tigre, mêlaient à l'histoire
des guerres et des conquêtes, de leurs
héros, des poésies éthiopiennes ; et on
retrouve ce peuple dans la Mythologie
grecque, à une époque nom moins reculée. Quand les Grecs ne connaissaient
que les noms d'Italie et de Sicile ; celui
des Éthiopiens était dans la bouche de
tous les poëtes. « Ce sont les peuples les
» plus lointains, les plus équitables mor-
» tels, les favoris des dieux. Les habi-
» tans de l'Olympe vont les visiter, et
» prennent part à leurs fêtes. Les victi-
» mes des Éthiopiens leur sont plus
» agréables que toutes celles du reste
» des mortels. » (1) Lorsque les lumières

____

(1) Voyez tous les passages où Homère parle
des Éthiopiens, par exemple, l'*Odyssée* I, v. 23,
etc.

de l'histoire succédèrent au faux brillant des traditions poétiques, la célébrité des Éthiopiens n'en fut point éclipsée. Ils furent toujours un objet d'étonnement et de curiosité ; et des historiens très-judicieux leur ont accordé l'honneur d'avoir été le premier peuple civilisé.

D'où vient cette antique réputation du peuple le plus écarté du globe ? Comment la gloire de son nom triompha-t-elle des affreux déserts qui l'environnent et qui, même de nos jours, nous empêchent d'arriver jusqu'à lui ? Ces traditions n'étaient-elles que l'ouvrage de l'imagination des poëtes ? opinion inadmissible à quiconque connaît tant soit peu la nature des fables anciennes ; mais s'il est prouvé que le fonds de ces traditions était vrai, alors cette question devient très-importante pour l'histoire ancienne, et mérite d'autant plus notre attention, que personne, que je sache, n'y a encore répondu d'une manière un peu satisfaisante.

Sous le nom d'Éthiopiens, on désigne une quantité de peuples les plus divers et les plus éloignés. Ce serait s'écarter du point de vue, que de se les représenter comme un seul peuple, ou une seule race. Les anciens cultivaient très-peu l'anthropologie physique ; ils distinguaient les nations d'après leurs différences les plus apparentes ou d'après leurs couleurs. Et c'est ainsi que la dénomination d'Ethiopiens devint commune aux peuples qui se distinguaient des Européens par une couleur de peau brune, ou tout-à-fait noire.

Après cette remarque, il ne faut point s'étonner de trouver des peuples Ethiopiens répandus sur une grande partie du globe. L'Afrique en contient à la vérité, la plus grande part, mais ils n'étaient point resserrés dans les bornes de ce continent. Ils occupaient aussi une portion considérable de l'Asie. Il est nécessaire à l'éclaircissement de ces recherches d'étudier et de bien connaître les diverses demeures de ces peuples Ethiopiens. Je n'ai pas besoin, sans doute d'avertir que je ne consulterai que les géographes et les historiens principaux de l'antiquité, puisqu'il ne s'agit ici que d'un apperçu géographique.

Hérodote doit être entendu, le premier. Ici, comme partout, ses relations trahissent l'observateur profond.

Il distingue les Ethiopiens d'après la nature de leurs cheveux, et sépare les Nègres des autres races de noirs. » Les » Ethiopiens qui habitent l'orient de « l'Asie, dit-il, ont les cheveux plats, les » Éthiopiens d'Afrique ont, au contraire, » les cheveux plus frisés qu'aucune autre » espèce d'hommes. » Il se trompait en attribuant cette propriété à tous les peuples noirs de l'Afrique. Tous ne sont pas de l'espèce des nègres. Il en est beaucoup, qui, comme ceux d'Asie, ont à la fois les cheveux plats et la peau noire. Tels sont, au centre de l'Afrique, les habitans de *Bornou*. Mais Hérodote parlait d'après ce qu'il avait appris dans la haute Égypte, terme de ses voyages au Sud.

Il n'a pas non plus différencié aussi précisément que les géographes posté-

rienrs, chaque race, d'après sa demeure.
» En général, dit-il, les Éthiopiens ha-
» bitent le Sud de l'Afrique, comme les
» Libyens, le nord.

Il s'accorde cependant avec les autres é-
vains, sur le chef-lieu de ces peuples, qu'il
place dans les les pays situés *au dessus de
l'Egypte*, et que nous comprenons maintenant sous les noms de *Nubie* et d'*Abyssinie*. Selon lui, c'est directement au delà
de *Syène* et d'*Eléphantine*, frontières d'É-
gypte, que commencent les Éthiopiens.
Les Egyptiens sont encore confondus avec
eux, jusqu'à la ville et à l'île de Tachompso,
à vingt mille de Syène; mais après ce terme
on ne trouve plus que les Éthiopiens. Hérodote ne les distingue qu'en deux nations,
celle des habitans de Meroe et celle des
Macrobiens. Quant aux subdivisions en
tribus, on n'en trouve de détail ni dans
ce dernier, ni dans les autres écrivains
qui ont précédé le siècle des Ptolémées.

Mais à cette époque, ces peuples sor-
tirent peu-à peu de leur obscurité. Les
riches pays qu'ils habitaient devinrent le

but principal des conquétes et du commerce des trois premiers Ptolémées, qui pénétrèrent même, à la tête de leurs armées victorieuses, jusqu'au sein de l'Abyssinie. Cessons donc de nous étonner que les géographes contemporains de ces rois aient pu donner des descriptions exactes de ces pays et de leurs habitans.

Le premier est *Eratosthène*, dont Strabon a emprunté ses renseignemens. Il fait une peuplade particulière des Nubiens, qui habitaient sur la rive gauche ou occidentale du Nil, entre l'Egypte et Meroe, c'est à-dire, au nord de l'Abyssinie actuelle. Ils étaient Nomades et avaient leurs propres rois. Sur l'autre rive du Nil étaient les *Blemmyens* et les *Megabares* également Nomades; et la chaîne de montagnes qui borde la mer Rouge était occupée par les *Troglodytes*.

On trouve dans Strabon, et surtout, dans Pline, les noms d'une grande quantité de villes situées sur les deux rives du Nil, depuis Syène jusqu'à Meroe, mais dont Pline avoue qu'il n'existait presque plus de traces au tems de Néron. On pourrait être surpris de l'existence de ces villes, au milieu de peuples qui, d'après tous les rapports, étaient Nomades ; mais l'étonnement cesse, dès que l'on est instruit des expéditions des premiers Ptolémées en Éthiopie, et de leurs vues sur ces riches pays. Il entrait dans le plan de ces princes, d'accoutumer à la vie sédentaire les Nomades qui erraient entre l'Égypte et la haute Ethiopie, pour réprimer leurs brigandages et ouvrir au commerce une route sûre vers ces contrées. De là, l'établissement de ces villes ou bourgs. Mais leurs successeurs ne marchèrent pas sur leurs traces ; leur politique se refusait à la civilisation de ces hordes qui restèrent Nomades, comme auparavant, et les villes tombèrent en ruine. Sans doute, cette observation ne sera lucide que lorsqu'on aura examiné la politique commerciale des Ptolémées ; mais la vérité en est déjà démontrée par cela seul, qu'il n'est fait mention des villes dont il

s'agit, que dans les écrivains contemporains de ces rois, et que Strabon et Pline
citent comme leur autorité.

Chacun sait que toutes ces contrées
sont occupées, de nos jours, par des
tribus Arabes. Le rapprochement des
deux pays fait présumer que de tems
immémorial, il s'est fait des migrations
d'Arabie en Afrique ; et il ne serait pas
invraisemblable que les *Blemmyens* et les
Megabares, dont j'ai parlé, fussent originairement Arabes. Cependant on les
nomme toujours Ethiopiens. Pline est
le premier, que je sache, qui ait fait
mention d'Arabes dans ces contrées ; et
cela, sur l'autorité d'un écrivain très-mo-
derne, *Juba*. (1)

Ce que j'ai dit jusqu'ici ne regarde que
les pays presque totalement déserts, situés entre l'Égypte et l'Abyssinie, et que
nous comprenons maintenant sous la dé-

----

(1) L'auteur se trompe ici, ainsi qu'il l'avoue
lui-même dans l'*errata*. Hérodote parle d'Ethiopiens-Arabes.

nomination générale de *Nubie*. Je passe aux peuplades Éthiopiennes qui habitaient la partie fertile de l'*Abyssinie*. Aucun auteur ancien ne les a dépeintes plus soigneusement qu'*Agatharchides*, dont l'ouvrage ne nous est malheureusement parvenu qu'en fragmens. Ces morceaux, peu connus, sont devenus d'autant plus intéressans, que *Bruce*, qui, du reste, a peu soigné ses descriptions, parle précisément des mêmes peuplades qu'Agatharchides a dépeintes d'une manière si supérieure : quoiqu'il ne connût pas, à ce qu'il paraît, l'ouvrage de l'auteur grec ; car, s'il l'avait connu, il ne se serait pas reclamé de Ptolémée, qui n'a fait autre chose que transcrire les noms de ces peuplades, d'après Agatharchides. Je vais confronter ce dernier avec le Voyageur Anglais. Cette comparaison ne peut manquer d'étre intéressante.

Agatharchides distingue, avec précision, les peuples qui habitent l'Éthiopie, d'après leur différentes manières de vivre. Les uns connaissaient un peu l'agriculture ;

ils cultivaient le millet ; d'autres étaient pasteurs , et se nourrissaient de gibier et de plantes sauvages ; d'autres enfin , qui habitaient les bords de la mer, vivaient de poisson et d'animaux marins. Je parlerai, dans la suite, de ces derniers, qui s'étaient aussi répandus sur les côtes méridionales de l'Asie. Mais examinons d'abord les deux premiers , d'après la relation de notre auteur.

« Après les Ichtyophages, (1) c'est-à-
» dire , les peuplades sauvages des côtes ,
» habite sur les deux rives de l'*Astabo-*
» *ras ,* qui coule près de Meroe , un autre
» peuple qui se nourrit des racines d'une
» espèce de roseaux qui croissent dans un
» marais voisin. Ils les broyent avec une
» pierre , en font une masse solide, et la
» coupent en morceaux de la grosseur de
» la main , qu'ils font sécher au soleil. A

----

(1) Voyez *Agatharchides , de Rubro mari ;* dans la géographie d'Hudson, tom. I, pag. 57 et suiv. Je ne donne ici qu'un extrait de ce morceau, que Diodore a aussi copié mot pour mot.

» côté de ces derniers sont les *Hylopha-*
» *ges*, qui se nourrissent de fruits, d'her-
» bes, et même des parties tendres.des
» branches, ce qui leur donne une légé-
» reté extraordinaire à grimper aux arbres.
» Plus à l'ouest sont des peuples chasseurs
» qui vivent d'animaux sauvages, qu'ils
» abattent à coups dé flèches. Il y a encore
» d'autres peuplades dont la chair des élé-
» phans et celle des Autruches sont la
» principale nourriture. On les nomme
» *Eléphantophages*, et *Strutiophages*.
» Une subdivision de ces deux peuples
» forme encore une tribu moins nom-
» breuse, vivant de sauterelles, qui vien-
» nent, en troupes inombrables des pays
» inconnus de l'Afrique méridionale. »

Les demeures de ces peuples sont si
exactement déterminées par Agatharchi-
des, qu'il serait impossible de les méconnaître. D'après lui, ils habitent sur les
rives de l'Astaboras, qui les sépare de
l'état de Méroë. C'est le fleuve actuellement nommé *Atbar* ou *Tacazzë*. Nous
voici donc arrivés au pays de *Shangalla*,

sur lequel Bruce nous a donné de si bons renseignemens. Les habitudes de ces peuples n'ont point subi la moindre altération, depuis deux mille ans. Ils sont sauvages, comme ils l'étaient alors; et, quoiqu'environnés de peuples policés, ils n'ont point encore fait le premier pas vers la civilisation. La nature les a contraints à demeurer chasseurs, parce que leur sol n'est propre ni à l'agriculture, ni aux pâturages; et, en effet, dès que la saison des pluies est passée, peu de jours suffisent pour dessécher la terre qu'elles ont humectée, à tel point que le soleil la fend et brûle les herbes légères que ces pluies ont fait croître.

Toutes ces peuplades, distinguées par leurs façons de vivre, se divisent encore de la même manière, aujourd'hui. Les *Hylophages* vivent encore sous les branches de leurs arbres, qu'ils recourbent vers la terre, pour s'en former des espèces de tentes. Les *Dobenahs*, la plus puissante peuplade parmi les Shangallas, se nourrissent encore d'éléphans et de rhinocéros; et les *Baasas*, dans la plaine Siré, de loups, de sangliers, et même de serpens. C'est à l'ouest des Baasas qu'habitent encore ceux qui se nourrissent, en été, de sauterelles; ils les font cuire et sécher, pour les conserver dans des corbeilles. Pendant les autres saisons, ils mangent des crocodiles et des poissons. Enfin, les *Strutiophages*, (ou mangeurs d'autruches,) sont les derniers de tous, du côté de l'Orient.

Après avoir examiné les peuples sauvages, habitans de la plaine, jettons un coup-d'œil sur les *peuples pasteurs*, plus puissans et plus civilisés, qui ont établi leurs demeures dans les montagnes voisines, sur les cîmes desquelles la nature leur a préparé non-seulement des pâturages pour leurs troupeaux, mais encore des grottes ponr leur propre habitation.

Peut-être les lecteurs qui connaissent l'ouvrage du Voyageur Anglais, s'étonneront ils du silence que j'ai observé jusqu'ici sur les habitans des cavernes, ou *Troglodytes*, que l'on trouve cités à chaque page, par ce voyageur. C'est ici le lieu d'en parler; car Agatharchides est encore de tous les anciens auteurs, celui qui donne les meilleurs renseignemens sur ce peuple; et ses rapports ont d'autant plus de poids, qu'il assure comprendre parfaitement leur langage, qu'il nomme *Amharique* (1).

Le long des côtes d'Afrique, qui bordent la mer Rouge, règne une chaîne non interrompue, de hautes montagnes, composées de granit, de marbre et d'albâtre. A l'extrémité de la mer, cette chaîne se replie vers l'intérieur de l'Afrique, et embrasse la partie méridionale de l'Abyssinie. Ces montagnes furent, de tems immémorial, la demeure de peuples qui s'établirent dans les cavernes que la nature y a formées. Les anciens les com-

---

(1) Agatharchides, pag. 46. C'est le premier auteur qui parle de cette langue *Amharique*. Ce passage important nous apprend aussi que c'était la langue des Troglodytes, au tems d'Agatharchides.

prenaient, en général, sous le nom commun de Troglodytes, quoique leur origine ne fût vraisemblablement pas commune.

Il est difficile, dans un climat septentrional, de se faire une idée juste de la manière de vivre de ces peuples, et de la commodité de leurs habitations, sous un ciel brûlant. Pour en voir, en Europe, un tableau réduit, il faut visiter les catacombes de Naples (1), qui, comme leur aspect et l'histoire le démontrent, avaient une pareille destination (2). C'est sous ces voûtes majestueuses, semblables à

---

(1) Tant de traces conservées dans l'Italie méridionale, et sur-tout en Sicile, où l'on trouve une ville entière bâtie dans l'intérieur d'un rocher, (Voyez les Lettres de Bartels sur la Sicile, t. III, pag. 441.) Tant de traces, dis-je, réunies aux relations des Cimmériens et des Cyclopes, qui habitaient ces pays, ne laissent point de doute, selon moi, que ç'a été la demeure originaire de peuples Troglodytes et pasteurs.

(2) Celles de Rome furent certainement destinées à un tout autre usage.

une chaîne de monumens gothiques, et qu'on croirait creusées par la main des Géans, qu'on se peut former une juste idée de l'existence du peuple qui, dans la saison humide, y venait chercher un abri sûr pour lui et ses troupeaux, et, en été, un refuge contre les chaleurs excessives.

Au rapport d'Agatharchides, les Troglodytes d'Éthiopie étaient un peu plus civilisés que les sauvages dont je viens de parler. Ils n'étaient pas chasseurs, mais *pasteurs*, et avaient leurs chefs particuliers; il y avait, entr'eux, communauté de femmes; conséquence de leur manière de vivre, qui ne permettait guères de semblables liaisons. Dans la saison pluvieuse, lorsque des torrens de pluie continuels inondaient le pays, ils vivaient avec leurs troupeaux dans les cavernes, où du lait fermenté et du sang étaient leur nourriture. Mais dès que la saison le permettait, ils se rendaient avec leurs troupeaux dans les pâturages; et là les disputes et les combats leur étaient assez ordinaires. Les autres usages qu'Aga-tharchides rapporte sur ces peuples, dé-signent, tous, la vie pastorale. Une seule singularité à remarquer encore, c'est que la circoncision était introduite chez eux, comme en Égypte.

Je souhaiterais être en état de tirer des relations du voyageur Anglais sur ce peu-ple, des éclaircissemens pareils à ceux qu'il m'a fournis sur les peuples chas-seurs; mais, ici, malheureusement, il lui a plu d'amalgamer l'office de voya-geur avec celui d'historien; ce qui le fait errer dans un tel cahos d'hypothèses, que très souvent il est en contradiction avec lui-même : néanmoins, il donne accidentellement quelques détails géo-graphiques, qui suffisent pour voir clai-rement que ces peuples sont, à l'époque actuelle, ce qu'ils étaient au tems d'A-gatharchides. Il les comprend tous sous le nom général d'*Agazi*, c'est à dire pas-teurs. Ils occupent toute la chaîne des montagnes qui bordent le golfe Arabique, et ont, comme dans l'antiquité, leurs princes ou rois particuliers.

Le Voyageur Anglais distingue ces Agazi de quelques autres peuples auxquels il donne le nom d'*Habesch* (*Convenœ*) et qui habitent, à ce qu'il paraît, les montagnes qui entourent la partie méridionale de l'Abyssinie. Ce sont les Amhares, les Agows, les Gallas, et enfin les Falaschas qui sont juifs. Je ne disputerai point à M. Bruce que ces nations soient d'origine diférente, et proviennent d'immigrations; mais je crois, au moins, avoir trouvé dans Agatharchides des traces certaines des Amhares, des Gallas, et peut-être même des Agows. Quant aux Falaschas, leur immigration dans ce pays est apparemment postérieure à la naissance du Christ. La langue des Amhares, est même celle des Troglodytes, au siècle d'Agatharchides, qui la parlait lui-même ainsi que je l'ai dit; mais je crois reconnaître la nation des Gallas dans un passage de Diodore, emprunté de ce dernier auteur. Selon lui, les peuples qui vivaient près de l'Astapus, savaient par tradition, qu'ils étaient venus dans ce pays, du midi de l'Afrique ; et cette tradition se conserve encore aujourd'hui parmi les peuplades occidentales des Gallas, qui ont fixé leurs demeures dans ces mêmes contrées. Enfin, quant à ce qui regarde les Agows, la description qu'en donne Mr. Bruce lui-même nous apprend qu'ils habitent encore des cavernes, et Diodore, dans le passage que que j'ai déjà cité, les place au même lieu, sous le nom de Troglodytes.

Il est donc évidemment prouvé par tout ce qui précède, que les habitans de ces montagnes étaient pasteurs dans l'antiquité, comme ils le sont de nos jours. Toutes les hypothèses sur leur prétendue civilisation tombent d'elles-mêmes ; et rien ne prouve que les peuplades qui y parvinrent fussent émigrées de leur pays natal, comme l'écrivain Anglais le suppose tacitement. Ce n'est qu'une présomption arbitraire que l'on ne peut, à la vérité, contredire, en prouvant le contraire,

parce que nous manquons de données historiques sur ce point.

La nature du climat oblige presque tous
ces peuples à des excursions annuelles.
Outre les pluies du tropique qui régnent
à différentes époques, à l'est et à l'ouest
des montagnes, une autre cause de ces
excursions, est le dangéreux insecte que
M. Bruce décrit sous le nom de *mouches*,
et qui se réunissent, en troupes inombrables, sur les terres grasses, au commencement de la saison des pluies, et tuent les
troupeaux, si on ne les chasse pas très
promptement dans les sables, où ces insec-
tes ne le poursuivent plus. Agatharchides
connaissait parfaitement ce phénomène, et sa relation s'accorde avec celle de
M. Bruce. « Près du pays des mangeurs de
sauterelles, dit il, est une grande contrée
couverte d'excellens pâturages ; mais
abandonnée et impraticable. Elle fut d'a-
bord peuplée ; mais elle a été inondée
d'une immense quantité de scorpions et
de taons qui, dit on, ont quatre dents, et
qui y sont amenés par la saison des

pluies. Les habitans ne virent d'autre re-
mède à ce fléau que la fuite, et ils lais-
sèrent le pays désert. » Le seul point qui
diffère dans ce récit, c'est que l'auteur grec
paraît n'avoir pas su que ce fléau revenait
tous les ans, et que non-seulement il commençait avec la pluie, mais aussi qu'il fi-
nissait avec elle. « Ces mouches, dit M.
Bruce, ne se trouvent que dans les lieux
où le sol est glaiseux. Aussitôt que le bé-
tail entend leurs bourdonnemens, il court
furieux à travers les plaines, jusqu'à ce
qu'il tombe de frayeur et de faim. Le seul
moyen pour les bergers est d'abandonner
les terres grasses, de fuir vers le pays sablonneux d'Atbara, et d'y demeurer pendant la saison des pluies ; car ce cruel en-
nemi n'ose les poursuivre plus loin » Ce
pays sablonneux est la demeure des mangeurs de sauterelles, dont nous avons
déterminé ailleurs la position.

Voilà donc encore un nouvel exemple,
qui prouve que l'homme devient ce que
les circonstances et la nature de son pays
le font. Les Shangallas sont demeurés,

chasseurs, et complettement sauvages, parce que leur sol ne permet ni l'agriculture, ni le soin des troupeaux ; les Agows, les Amhares et les Gallas ont conservé leur vie pastorale, parce que leurs montagnes offraient des paturages à leurs troupeaux ; mais ils ne pouvaient nullement s'élever à un haut degré de civilisation dans leur pays, parceque sa nature les obligeait à conserver les habitudes Nomades.

Avant d'abandonner la partie de l'Éthiopie qui touche à la Haute-Égypte, il ne nous reste plus qu'à parler d'un peuple très-renommé dans l'antiquité, et dont Hérodote a donne une description détaillée ; je veux parler des *Macrobiens*. Ce fut contre eux que fut dirigée l'expédition de Cambyse ; et c'est cette circonstance qui les a rendus si fameux dans l'histoire.

La célébrité de leurs trésors détermina Cambyse à cette expédition ; il envoya préalablement quelques observateurs dans leur pays, et choisit, pour cette mission, des Ichtyophages qu'il fit venir d'Éléphantine, parce qu'ils parlaient la langue des Macrobiens. Cambyse les chargea de présens pour le roi de ces peuples. C'étoit un vêtement de pourpre, un collier d'or, des bracelets, des onguents, et un vase de vin de Palme. Les Ichtyophages rapportèrent que ces Macrobiens étaient un des plus grands et des plus beaux peuples ; qu'ils avaient des lois et des institutions particulières , et qu'ils étaient dans l'usage de choisir pour roi, le plus grand d'entre eux. Le roi des Éthiopiens reconnut bientôt les ambassadeurs pour ce qu'ils étaient, des espions. Il examina ces présens , dont il ne connaissait pas l'emploi. Il rendit la robe, l'onguent et le collier , qu'il regarda comme des symboles d'esclavage ; le vin fut le seul objet qui lui plut. Il demanda quel était la durée de la vie des Perses, et de quoi leur roi se nourrissait ordinairement ? On lui répondit qu'il mangeait du pain de froment , et que les Perses ne vivaient pas , généralement , au-dessus de quatre vingt ans. Il répondit qu'il n'était pas surpris qu'ils ne vécussent pas plus long-tems, s'ils ne se nourrissaient que de semblables drogues; et que, vraisemblablement, ils n'atteindraient pas même le milieu de cet âge, s'ils n'avaient pas cette boisson, le seul objet en quoi ils surpassassent les Macrobiens. Les envoyés s'étant informés, à leur tour, du plus grand âge, et de la nourriture des Macrobiens : il répondit, cent vingt ans et plus, et ajouta qu'ils vivaient de poissons secs et de lait. Pour rendre le présent au roi de Perse, il lui envoya un grand arc, en lui faisant dire qu'il pouvait entreprendre son expédition contre les Macrobiens, s'il pouvait bander cet arc, aussi facilement que ceux que l'on faisait en Perse.

On montra aux ambassadeurs, comme une merveille, la *table du soleil*; c'était le nom d'une prairie située dans le fauxbourg de la ville, et couverte d'une quantité de viande séchée, que les chefs des citoyens venaient y déposer toutes

les nuits, et que chacun pouvait venir
manger pendant la journée. Ensuite, les
envoyés furent introduits dans les prisons, où les criminels étaient liés avec
des chaines d'or, parce que le fer, chez
les Éthiopiens, était un des objets les
plus rares. Enfin, on leur fit voir les
tombeaux que l'on faisait de verre, de
la manière suivante. Le cadavre était
d'abord emporté, comme en Égypte, et
couvert de plâtre. Sur ce plâtre, on pei-
gnait le portrait du mort, aussi ressem-
blant que possible, puis on le posait dans
un cercueil de verre, (ou peut-être de
cristal,) matière que leur sol fournit en
grande quantité. Le mort demeurait un
an, dans ce cercueil, sans se corrompre.
Les plus proches parens le gardaient dans
leur maison, et lui portaient des offrandes funèbres; puis on le transportait dans
la ville, où il restait confondu avec les
autres.

Ce n'est pas sans intention que je me
suis plus étendu sur le tableau des mœurs
de ce peuple; il est instructif, sous plus

d'un rapport. Les Macrobiens étaient un peuple pasteur, qui ne vivait que de poissons séchés au soleil, et du lait de ses troupeaux, et qui ne connaissait le pain que pour en avoir entendu parler ; mais, cependant, ce peuple habitait une ville ; il avait des lois et des prisons ; il savait travailler les métaux ; on trouvait chez lui des traces importantes de ses progrès dans les beaux arts ; preuve évidente que notre mesure pour la civilisation, ne convient nullement à ces peuples Africains, qui partent d'un autre point, qui prennent d'autres voies, et qui, conséquemment, doivent arriver à un autre but que celui auquel tendent les Européens.

De plus, il est visible que ce peuple habitait dans la partie la plus riche en or, puisque ce métal était le plus commun chez eux, et qu'on en faisait même les chaînes des prisonniers.

Le Voyageur Anglais, déjà cité, regarde les Macrobiens comme une branche des Shangallas, qui habitaient au

nord de Fazucla, au-dessous de Guba
et de Nuba, sur les deux rives du Nil.
Il se fonde principalement sur l'arc que
le roi des Macrobiens envoya à Cambyse,
et sur le défi de le tendre. C'est,
selon lui, l'usage de ces peuples, de gar-
nir ces arcs d'anneaux faits de la peau
des animaux sauvages qu'ils ont tués.
Ce qui les roidit de plus en plus, et les
rend enfin, tout-à-fait inflexibles ; puis
ils les suspendent à quelqu'arbre, comme
monument de leurs exploits ; et c'est,
dit-il, un arc semblable, que l'Éthiopien
envoya au roi de Perse.

Mais quelque vraisemble que paraisse
ce témoignage, je ne puis pourtant me
ranger à l'opinion de cet écrivain ; je crois
plutôt qu'il faut chercher les Macrobiens
plus au Sud, et dans d'autres lieux. Les
Shangallas, dont il parle, n'habitèrent
jamais des villes, et n'ont point le degré
de civilisation qu'on attribue aux Macrobiens.

Hérodote nous donne trois signes dis-
tinctifs, pour reconnaître la demeure de

ce dernier peuple. Ils habitent, dit-il, vers la mer Méridionale (1), à l'extrémité de la terre; et Cambyse, lorsqu'il rétrograda, n'avait point encore fait la cinquième partie du chemin, pour aller jusqu'à eux.

De ces expressions, il résulte que les Macrobiens habitaient dans les riches pays de l'or, sur la côte de *Zanguebar.* Si nous savions jusqu'où Cambyse s'avança, nous déterminerions plus facilement cette position. D'après des rapports dignes de foi, il alla jusqu'à *Atbar*, ou Méroë; mais, d'après ceux d'Hérodote, il paraît qu'il ne parvint que jusqu'aux environs de ces contrées. Nous ne nous tromperons donc pas beaucoup, en cherchant les Macrobiens dans le voisinage de *Mélinde*, non loin de l'équateur, aux côtes de l'Afrique.

---

(1). L'expression d'Hérodote signifie au-delà de l'embouchure de la mer Rouge, sur l'Océan indien : ce n'est donc point dans l'intérieur de l'Afrique, où habitent, comme on sait, les Shangallas.

Mais une circonstance remarquable, c'est que Cambyse choisit ses espions chez les Ichtyophages d'Egypte, *parce qu'ils parlaient la langue des Macrobiens.*. Je supprime sur ce point beaucoup de réflexions très-naturelles ; mais cette circonstance est une preuve claire que non-seulement la célébrité de ces pays d'or était parvenue jusqu'en Egypte ; mais aussi qu'il existait, en effet, des relations entre eux et les Egyptiens.

Autant la ligne de démarcation des peuples Ethiopiens, au-dessus de l'Egypte, est tirée avec précision ; autant celle des autres parties de l'Afrique est insuffisamment déterminée. Des géographes plus modernes, tel que Pline, prennent, il est vrai, le Niger pour limite entre la Libye et l'Ethiopie, en incorporant à ce dernier pays tout ce qui est au sud du premier ; mais d'abord le Niger est chez Pline un fleuve incertain, et même fabuleux, que cet auteur prend pour un bras du Nil ; et de plus, en accordant que c'est le Niger que nous connaissons, on verrait bientôt que Pline est dans l'erreur, puisque la plupart des écrivains et lui-même, placent encore des peuples Ethiopiens au nord de ce fleuve. Quoiqu'il en soit, cette recherche n'est rien moins qu'indifférente, car non-seulement elle nous conduit à mieux connoître les peuples de l'intérieur de l'Afrique; mais encore elle porte précisément sur les peuplades qui tiennent le moyen terme entre les deux extrêmes du blanc et du nègre.

La limite des peuples Ethiopiens, au nord, forme la frontière septentrionale du grand désert qui, ainsi que je l'ai remarqué, coupe transversàlement l'Afrique. En deça de cette ligne, il n'y a plus d'Ethiopiens, et les peuples Nomades ou autres qui habitent de ce côté, sont compris ordinairement sous le nom général de Libyens. (1) Ces peuplades Libyennes

----

(1) Polybe seul, comme je l'ai observé plus haut, emploie ce nom dans un sens plus restreint, pour désigner les sujets civilisés de Carthage, en opposition avec les sujets Nomades.

s'étendent fort avant dans les déserts ;
et même au-delà. C'est à elles qu'Hérodote réunit les Garamantes, les Ataran-
tes, et les Atlantes, dont les demeures,
comme on l'a vu, s'étendaient jusqu'à la
Nigritie ; mais on trouve encore des
Ethiopiens au milieu d'elles. Hérodote
apprend qu'il en existait dans le voisinage
des Garamantes qui les réduisirent en esclavage. Les noirs Gétuliens passèrent
aussi de la partie septentrionale du Niger
dans le fond des déserts, au-dessous du
royaume actuel de Tomboucto ; mais ce
fut surtout au nord de l'Afrique que se ré-
pandirent ces peuplades, et vers la côte
occidentale, où ils sont compris sous la
dénomination d'*Ethiopes hesperii* auxquels se joignent les *Ethiopes perorsi* et les
Autololes de Pline, dont les demeures
s'étendaient jusqu'au mont Atlas, et aux
frontières du royaume actuel de Fez et
Maroc. C'est au même lieu, au-delà du
fleuve Lixus et des Nomades Libyens,
que commencent les peuplades Ethiopiennes, au témoignage d'Hannon. La

plus septentrionale de ces peuplades qui habitait près de Cerné, était un peuple pasteur assez civilisé; mais toutes les autres qu'il découvrit, soit dans cette même contrée, soit au delà du Sénégal et de la Gambie, sur la côte de Guinée, étoient complettement sauvages, n'avaient ni agriculture, ni pâturages, et en général, habitaient des cavernes.

Plus les Grecs connurent l'Afrique septentrionale, plus ils durent connaître les diverses nuances qui distinguent le blanc du nègre. On en a la preuve dans la race des *Maures blancs (leuco Éthiopes)*, qui habitaient à l'occident de la Haute-Égypte. Leur nom seul suffit pour démontrer qu'ils appartenaient aux peuples qui tenaient le milieu entre les noirs et les blancs.

La plus grande partie de l'Afrique était donc couverte de peuples Éthiopiens; mais ils n'étaient pas bornés à cette partie du monde. Il existait encore des *Éthiopiens asiatiques*. Le premier auteur qui

en parle est Hérodote (1). Il les distingue
des Africains par leur langage et par leur
chevelure longue et platte. Quant à leur
forme et à leur couleur, elles ne différaient point. Quelques précis que soïent
ces renseignemens d'Hérodote, il a cepen-

-----

(1) M. Meiners prend ces Ethiopiens asiatiques
pour les Troglodytes africains, qui habitent la
rive orientale du Nil. (Voyez les Comment. de la
Société de Gottingue, tom. X, pag. 72.) Il fonde
cette opinion sur ce qu'Hérodote regarde ces
contrées comme appartenant, non à l'Afrique,
mais à l'Asie, dont il prend le Nil pour limite.
Cet éclaircissement judicieux paraît même avoir
obtenu un nouveau degré de croyance, depuis
que les rapports de Bruce nous apprennent que
quelques peuplades de ces contrées, telles que
les *Gallas*, ont la chevelure platte ; mais je
trouve néanmoins, dans l'expression d'Hérodote,
une difficulté qui m'empêche de me ranger à
cette opinion ; c'est qu'il place les Ethiopiens
orientaux d'Asie, directement vis-à-vis les Ethiopiens de la Haute-Egypte ; expression qu'il ne se
serait guères permise, si ces Ethiopiens asiatiques
avaient, comme les autres, habité la Haute-
Egypte.

dant oublié de faire connaître la demeure de ces peuples. Nous savons seulement de lui, qu'ils habitaient vers l'orient de l'Asie, et que, dans l'armée de Xerxès, on les associa aux Indiens. D'après ce peu de mots, je les regarde comme le peuple nègre, qui habite la rive occidentale de l'Indus. Darius avait étendu l'empire des Perses jusqu'à ce fleuve ; et cette explication devient d'autant plus vraisemblable, qu'Hérodote ajoute, qu'ils furent associés aux Indiens, dans l'armée des Perses.

Lorsque les Grecs connurent mieux l'Asie, après Alexandre, le nombre des peuples Éthiopiens augmenta aussi dans cette partie du monde. L'expédition maritime de *Néarque*, et celles de quelques autres, firent connaître les peuplades sauvages qui habitaient, depuis l'Indus jusqu'aux golfes Persique et Arabique, sur les côtes de Gédrosie, de Caramanie et d'Arabie. Les pays dans lesquels ils se fixèrent, déterminèrent leur manière de vivre ; et, comme habitans des côtes, ils se nourrissaient de poissons ; d'où ils portent le nom commun d'*Ichtyophages.* On donna le même nom aux peuplades Éthiopiennes de la côte d'Afrique ; et de là est venu, peut-être, qu'Agatharchides et Diodore, qui se modela sur lui, ont aussi donné le nom d'Éthiopiens à ces Asiatiques. Les noms d'Inde et d'Éthiopie étaient fréquemment confondus, non-seulement avant, mais même après le règne d'Alexandre ; l'un et l'autre comprenaient en général les pays du sud.

CHAPITRE II.

De l'État de Méroë.

LES peuples Éthiopiens, que nous avons étudiés dans le précédent chapitre, n'étaient encore qu'au dernier degré de civilisation ; toutefois, avec des nuances déjà très-marquées. Nous avons parcouru les premiers anneaux de cette chaîne, depuis l'homme complettement sauvage, tel que le vit Hannon, et auquel le singe serait en droit de disputer le rang, jusqu'aux peuples chasseurs et pêcheurs, et depuis ces derniers, jusqu'aux pasteurs Nomades ; mais de peuples solidement établis, et formant un État bien organisé, nous n'en avons pas encore apperçus. Cependant, on ne peut nier qu'il existât, en Éthiopie, un peuple plus civilisé, habitué au séjour des villes ; assez avancé pour avoir des temples, de grands édifices ; et , sinon l'écriture alphabéthique , au moins des hiérogliphes ; pourvu de lois en d'institutions politiques , et , dès les premiers tems, célèbre pour sa civilisation , dans la plus grande partie du globe : c'était l'Etat de Méroë.

Où chercherons-nous Méroë ? Telle est la première question à laquelle il faut répondre. Ce n'est que par un examen précis des localités, que les recherches suivantes obtiendront quelque poids, et quelque certitude.

Ici une foule d'écrivains anciens s'offrent à nous guider dans ces routes nouvelles. Choisissons d'abord celui qui nous a déjà si heureusement conduits à travers les déserts de la Libye. Voyons où Hérodote nous mènera ; il sera toujours tems de consulter les autres, pour savoir si nous ne nous sommes point égarés.

« Au-dessus d'Éléphantine, ville fron-
» tière de l'Égypte , dit Hérodote , le
» pays est roide et escarpé. Pour re-
» monter le fleuve , on attache une corde

» au bateau, et on le tire, comme on
» le pratique pour les bœufs. Si le cable
» se casse, le bateau est violemment
» emporté par le courant. Cette naviga-
» tion dure quatre jours, et est de douze
» schoënes. Le Nil y est tortueux,
» comme le Méandre. On arrive de là,
» dans une plaine unie, dans laquelle les
» eaux du fleuve forment une île nom-
» mée *Tachompso*, et qui est composée
» moitié d'Ethiopiens, et moitié d'Egyp-
» tiens; car c'est à Eléphantine que
» l'on commence à trouver des Ethio-
» piens. Tout auprès de cette île, est
» un grand lac, dont les bords sont peu-
» plés d'Ethiopiens-Nomades. Quand on
» l'a passé, on rentre dans le courant
» du Nil, qui le traverse. Delà, quittant
» le bateau, on voyage quarante jours
» sur les bords du fleuve; car, dans cet
» espace, tout le Nil est rempli de ro-
» chers pointus, qui empêchent d'y
» naviguer. Lorsqu'on a fini ce voyage
» de quarante jours, on remonte dans
» un autre vaisseau, avec lequel on na-

» vigue douze journées , pour arriver à
» une grande ville, qu'on nomme Méroë,
» et qui est, dit on, la capitale du reste
» de l'Ethiopie. Ses habitans adorent
» Jupiter et Bacchus , et leurs rendent
» un culte très-religieux. Ils ont aussi,
» parmi eux, un oracle de Jupiter ; et
» ils n'entreprennent leurs expéditions
» militaires que quand et où ce dieu
» l'ordonne. »

Je compare cette relation d'Hérodote avec les meilleures cartes connues du cours du Nil, au-dessus de l'Égypte, et je choisis celle de *Norden.* et pour les lieux plus éloignés, celle de M. *Bruce.*

Les sinuosités du fleuve, au-dessus de Syène et d'Eléphantine, sont tracées dans la 24e. carte de Norden. Le fleuve serpente en cet endroit, sans pourtant former de courbe très prononcée. Son courant est si fort que Norden fut souvent obligé de faire tirer sa barque, et qu'il ne put se servir de voiles qu'avec un gros vent. La navigation jusqu'à l'île *Tachompso* est de douze schoènes, (ou 18

milles) que l'on fait en quatre jours. Hérodote compte, il est vrai, les journées de
son voyage par eau, sur une mesure
beaucoup plus grande (1); mais il est aisé
de voir que, dans cette navigation pénible
et lente, on ne peut employer le calcul
ordinaire qui n'est bon que pour les voyages de mer.

Je pense que Tachompso, dont parle
Hérodote, est l'île de *Girsché*. Norden n'en
cite point d'autre dans cet endroit. Elle
est, d'après l'évaluation du Voyageur Da-
nois, à trente lieues françaises de Syène ;
et cette distance s'accorde assez bien avec
la mesure d'Hérodote. Ajoutons à ce premier apperçu la description des lieux,
d'après ces deux auteurs.

Selon le rapport d'Hérodote, il fallut
abandonner le vaisseau en ce lieu, à cause
des roches nombreuses qui rendaient la
navigation difficile. Norden passa avec sa

____

(1.) Il évalue la journée à dix-sept milles Géog.
Hérod. 4 ; 86.

barque, mais ce ne fut pas sans le plus grand danger. « C'est, dit-il, le plus périlleux passage de l'île. Le fleuve y est occupé, dans toute sa largeur de roches à fleur-d'eau; qui forment autant de tournans. » Plus haut sont les grandes cataractes jusqu'auxquelles Norden ne put parvenir. Il ne faut donc pas s'étonner que les anciens préférassent l'inconvénient de mettre pied à terre à Tachompso, au danger de naviguer jusqu'aux cataractes, où d'ailleurs la navigation aurait nécessairement été interrompue.

Norden observe qu'un peu au-dessus de cette ile, le Nil s'élargit considérablement. Je ne sais si c'est cette circonstance qui a donné lieu à la fable du lac dont parle Hérodote. Dans toute la partie du Nil, que Norden a dessinée, il ne se trouve aucun lac; ainsi la difficulté reste toujours la même, en quelque lieu qu'on place Tachompso. Il faut croire qu'Hérodote fut trompé par de faux rapports, (car il a soin d'observer qu'il ne parle point ici, comme témoin oculaire, puis-

qu'il n'alla que jusqu'à Eléphantine,)
ou que les localités ont changé, et que
le lac qui existait alors est maintenant
rempli de sables.

Abandonnons ici notre vaisseau,
comme Hérodote, et continuons notre
route par terre, en suivant la rive du
Nil. Une journée de voyage est, selon
lui, de cinq milles. Nous aurons donc
parcouru, dans les quarante jours que ce
voyage exige, cent cinquante milles,
déduction faite des jours de repos.

Il est important de ne pas oublier ces
mots : *Sur les bords du fleuve.* Au-delà
des grandes cataractes, le Nil change de
direction, et court vers l'ouest, en dé-
crivant un demi-cercle, dont la courbe
est de soixante milles. Si nous abandon-
nions le fleuve pour prendre un chemin
direct, nous tomberions bientôt au milieu
des sables de Nubie. Si, au contraire,
nous dirigeons, d'après le cours du fleuve,
nous nous trouverons au voisinage du pays
d'*Atbara*, qui fait partie du royaume de
Sennaar. Là, nous nous rembarquons,

et une navigation de douze jours, (et conséquemment de cinquante milles, d'après l'évaluation ci-dessus) nous conduit à *Méroë*.

Il y a, sans doute, encore beaucoup de vague dans ces données ; mais quelqu'incertain que soit le calcul, il reste constant que nous nous trouvons dans la partie du royaume de Sennaar ; dont j'ai parlé. Il ne s'agit plus que d'essayer si le témoignage de quelqu'autre écrivain ne nous donnera pas plus de certitude.

Hérodote ne nomme que la *ville* de Méroë ; tous les autres écrivains en font une *île*, sur laquelle se trouve une ville du même nom. Ils ne contredisent donc point Hérodote. Ce qui suit démontrera, au contraire, que ses renseignemens, sur la position de cette ville, s'accordent avec leurs rapports. « L'Astaboras qui traverse l'Éthiopie, dit Agatharchides, en se réunissant au grand Nil, forme l'île de Méroë, qu'il entoure de ses eaux. » Strabon parle encore avec plus de précision. « Le Nil,

» dit il, reçoit deux grands fleuves qui
» sortent de quelques lacs, et envelop-
» pent la grande île de Méroë. L'un, qui
» coule à l'orient, s'appelle *Astaboras;*
» l'autre *Astapus.* Quelques-uns nom-
» ment aussi l'*Astosabas*, et le distin-
» guent de l'Astapus, qui suit une direc-
» tion presque parallèle à celle du Nil.
» A sept cents stades, au-dessus du con-
» fluent du Nil et de l'Astaboras, est la
» *ville* de Méroë, qui porte le même
» nom que l'*île*. » Ces données seraient
suffisantes pour déterminer la position de
Méroë; cependant j'y joindrai le témoignage de Pline. « Au milieu de l'Éthio-
» pie, dit cet auteur, le Nil reçoit le
» nom d'Astapus; il forme en ce lieu de
» grandes îles, que ses eaux parcourent
» à peine en cinq jours, et dont la prin-
» cipale est Méroë. Là, le bras gauche
» du fleuve se nomme Astaboras, et l'au-
» tre *Astasapes.* Ce n'est qu'au lieu où
» toutes les branches du fleuve se réu-
» nissent qu'il prend le nom de Nil. »
Maintenant un coup d'œil jetté sur la

carte, indiquera sur le champ la position
de l'ancienne Méroë. L'Astaboras qui en-
tourait cette île à l'orient, est le fleuve
qu'on nomme actuellement *Atbar*, ou
Tacazzé. L'Astapus, qui l'environnait à
l'occident, et coule parallèlement au
Nil, est le *Bahar-el-Abiad*, autrement
nommé le *Fleuve-blanc*. Je ne m'arrête
point aux autres petits fleuves, parce
qu'ils n'appartiennent point à mon sujet (1).

Diodore de Sicile nous apprend aussi
quelle était l'étendue de l'île Méroë.
« Elle a, dit-il, trois mille stades ;
» (soixante-quinze milles) de long, et
» mille stades, (vingt-cinq milles) de
» large. »

Pline, enfin, détermine la distance de
Syène à Méroë. « Eratosthènes, dit-il, a
» compté six cents vingt-cinq, et Arté-
» midore six cents milles romains. Mais
» on mesura la distance sous Néron, et
» l'on trouva qu'elle comprenait, depuis

----

(1) On peut consulter sur ce point M. Bruce,
tom. IV, pag. 543 ; et tom. III, pag. 646.

» Syène, jusqu'au commencement de
» l'île, huit cents soixante-treize milles. »
Toutes ces mesures sont justifiées d'après
les divers chemins que l'on suivit. Les
envoyés Romains prirent le plus long, en
côtoyant le Nil dans tous ses détours, et
les géographes Grecs calculèrent d'après
la route des caravanes qui abandonnaient
le fleuve pour traverser les déserts de
Bahiuda. M. Bruce suivit un chemin
encore plus court, pour se rendre de
Méroë à Syène. Il eut le courage d'aller
en ligne droite à l'orient du Nil, à travers les grands déserts de Nubie.

De toutes les données que je viens de
rassembler, on peut déduire avec assurance les résultats suivans :

1°. L'ancienne île de Méroë est la
province actuelle d'*Atbar*, située entre
le fleuve du même nom, ou le *Tacazzé*,
à droite, et le *Fleuve-blanc* et le Nil, à
gauche. Le premier point de l'île est le
confluent du Tacazzé et du Nil; et à sa
partie méridionale, elle est ceinte par
deux branches de ces fleuves, dont l'une

est nommée *Vadubba*, et l'autre *Bahad*, et dont les sources sont voisines, quoiqu'elles coulent dans des directions différentes (1). L'île est située entre le 13ᵉ et le 18ᵉ degré de latitude septentrionale. Elle fait la plus grande partie du royaume actuel de *Sennaar*, et sa partie méridionale appartient à l'Abyssinie.

2°. Méroë était donc un vaste pays, environné de fleuves, et dont la surface surpassait du double celle de la Sicile. Ce n'est point, à proprement parler, une île, puisqu'il n'est point complettement environné d'eaux. Mais on le considérait comme une île formée par le Nil, parce que, au témoignage de Pline, on regardait les différens fleuves qui l'entouraient, comme autant de ramifications du Nil (2); et en effet M. Bruce assure

-----

(1) Consultez la grande carte de M. Bruce, où l'on trouve toutes les petites rivières et leurs ramifications, que le défaut de place n'a pas permis d'indiquer sur nos cartes ordinaires.

(2) Pline I, pag. 555, Hérodote est encore le

qu'au tems des débordemens, ce pays devient une île parfaite.

3°. Sur cette île étoit située une ville du même nom. Les renseignemens d'Hérodote ne suffisent pas pour en déterminer la position avec exactitude. Cependant ﹜ c'était un des lieux du globe les plus remarquables; et, sans doute, mes lecteurs me sauraient mauvais gré de les laisser dans l'ignorance sur ce point important pour la suite de mes recherches; mais heureurement, ici, d'autres historiens viennent à notre secours. D'après Eratosthènes, la ville de Méroë était située à sept cents stades, (dix-sept mille et demi), au dessus du confluent du Nil et de l'Astaboras. Pline, sur le rapport des envoyés de Néron, évalue cette distance à 70 mille Romains, (14 milles géographiques) et ajoute cette circonstance essentielle, qu'à droite de la ville, le fleuve formait

---

seul écrivain de l'antiquité, qui s'explique clairement sur ce point. Il parle d'une *ville* de Méroë, sans nommer *île* le pays qui l'environnait.

une petite île nommé *Tadu*, qui lui servait
de port; ce qui prouve avec évidence que
la ville de Méroë n'était point près du Tacazzé, ou Astaboras, ainsi qu'on pourrait
le croire, à cause de l'incertitude du nom
de ces fleuves; mais qu'elle étoit située
sur le Nil proprement dit; et sa position se
détermine avec la plus grande précision
par celle de la petite île, dont je viens de
parler, et que M. Bruce n'a pas omis de
marquer sur sa carte.

L'ancienne ville de Méroë était située
un peu au-dessous de la ville actuelle de
Chandi, sous le dix-septième dégré de
latitude septentrionale, et le cinquante-
deuxième et demi de longitude orientale.
Le chevalier Bruce en vit les ruines dans
l'éloignement, et n'osa que soupçonner
ce que je crois avoir démontré avec la plus
grande évidence, d'après les témoignages
des anciens. Mes lecteurs liront, sans
doute avec plaisir, les propres mots de ce
profond observateur. « Nous abandonnâ-
» mes, dit-il, la ville de *Chandi*, dans
» la soirée du 20 octobre, et allâmes éta-

» blir notre camp de nuit, à deux milles
» de là (1). Le 21 au matin nous nous re-
» mîmes en route, et nous fîmes halte à
» 9 heures, après avoir fait dix milles de
» chemin. Là se forme une grande île,
» couverte de villages, de bois et de
» champs de bled, dans une étendue de
» quelques milles : elle se nomme *Curgo.*
» Vis à-vis cette île, est le mont Gibbairy,
» où s'offrirent à mes yeux les premières
» ruines que j'eusse vues depuis *Axum*,
» en Abyssinie. Nous y remarquâmes,
» comme à Axum, une foule de piedes-
» taux brisés, et qui semblaient destinés
» à porter des figures de chiens. Nous
» vîmes aussi quelques morceaux d'un
» obélisque couvert d'hiéroglyphes pres-
» qu'entiérement effacés. Les Arabes nous
» dirent que ces ruines s'étendaient fort
» loin ; qu'on avait déterré beaucoup de
» restes de statues, et de figures d'ani-
» maux, et que les statues étaient pres-

(1) Voyez Bruce IV, pag. 541. C'est de milles
anglais qu'il est question dans tout ce passage.

» que toutes de pierres noires. On ne
» peut s'empêcher de soupçonner, ajoute
» le Voyageur Anglais, que c'était en ce
» lieu que s'élevait la ville de Méroë; »
Présomption portée jusqu'à la certitude,
après les preuves que je viens d'avancer.
Nous sommes donc dans ces pays mystérieux où l'antiquité plaçait le berceau des
arts et des sciences; où les hiéroglyphes
furent inventés; où s'élevaient des obélisques et des temples, lorsque l'Egypte
ne les connaissait point encore. Ici se présente une question naturelle, savoir: que
fut dabord, ce lieu? que devint-il dans la
suite?

Le lecteur le devinera bientôt, si je fais
précéder mes recherches de cette observation dont je donnerai plus loin la
preuve; que Meroë était le chef-lieu du
grand commerce de caravanes que l'E-
thiopie faisait avec l'Afrique septentrionale, l'Egypte, l'Arabie heureuse et même
avec l'Inde; mais le nuage est ici trop
épais; pour que ce seul rayon de lumière
puisse l'éclaircir. Examinons d'abord avec

soin tout ce que les témoignages des anciens nous apprennent sur Méroë.

Selon ces témoignages, Méroë était un état pourvu de lois et d'institutions stables, et qui avait ses princes et son gouvernement. La constitution de cet état était celle de beaucoup d'autres Empires de ces contrées méridionales. Le gouvernement était entre les mains d'une caste sacerdotale qui élisait un roi parmi ses propres membres. Voici la traduction du passage de Diodore, qui nous fournit les renseignemens les plus détaillés sur cet objet.

« Les lois des Ethiopiens, (1) dit-il,
» différent de celles des autres peuples,
» en beaucoup de points; mais princi-
» palement, dans l'élection des rois. Les
» prêtres choisissent, entre eux, un
» certain nombre de candidats, et le
» peuple élit celui que le dieu (Jupiter-
» Ammon) a désigné; aussitôt après son

____

(1) Diodore, pag. 145 et suiv. C'est de Méroë qu'il veut parler.

» élection, on se prosterne devant lui;
» et on lui rend les honneurs divins,
» parce que, dit-on, c'est la volonté des
» dieux qui lui a remis les rênes du gou-
» vernement. Dès ce moment, il jouit
» de toutes les prérogatives extérieures
» que les lois lui accordent; mais il n'ose
» ni récompenser, ni punir, sans le con-
» sentement des lois.. On n'y punit ja-
» mais les sujets de mort, même lors-
» qu'ils sont déclarés coupables de crime
» capital; mais on envoie au criminel un
» officier de justice, qui lui porte le si-
» gne de mort : dès que le condamné
» l'a apperçu, il se rend dans sa maison,
» et se tue lui même. La coutume des
» Grecs, de se soustraire au châtiment
» par l'émigration, n'a point lieu en
» Éthiopie. On rapporte que la mère d'un
» coupable, qui voulut se sauver, par
» un semblable moyen, l'étrangla avec
» sa ceinture, pour épargner une plus
» grande honte à sa famille. Mais l'u-
» sage le plus singulier chez ce peuple,
» est celui qui concerne la mort du roi.

» Les prêtres de Méroë, qui occupent
» le rang le plus élevé et le plus impor-
» tant dans l'Etat, envoient au roi,
» quand bon leur semble, l'ordre de
» mourir; ils lui annoncent que c'est la
» volonté des dieux; qu'un mortel ne
» doit point se soustraire à leurs décrets,
» et lui allèguent toutes les raisons ca-
» pables de persuader un esprit faible,
» qui n'a rien à leur opposer. »

Il serait facile de trouver, dans quelques états modernes de la Nigritie, beaucoup de coutumes semblables à ces dernières. Chez une race nègre, qui, depuis
trois cents ans, habite *Sennaar*, pays
situé dans le voisinage de l'ancienne
Méroë, il est également d'usage que le
roi se donne la mort, lorsque les chefs
du peuple le lui signifient. Mais je laisse
à mes lecteurs le soin de faire ces comparaisons, qui sont rarement très-ins-
tructives. Il est plus important d'observer que le gouvernement de Méroë était
entre les mains d'une caste sacerdotale,
qui, non-seulement tirait le roi de son

propre sein, mais savait encore le tenir dans une dépendance complette.

Dans un état dont le gouvernement nous paraît si étrange, on doit supposer autant de singularités dans l'existence politique des sujets. Qu'on ne s'attende pas à trouver, dans le tableau que j'en ferai, la moindre ressemblance avec les Etats civilisés de l'Europe. L'ancienne Méroë nous offre plutôt un coup-d'œil assez semblable à celui des principaux Etats actuels de l'intérieur de l'Afrique. La réunion d'une foule de peuplades, différentes de mœurs, avec ou sans habitations fixes, y forme ce que l'on nomme un Etat, quoique le lien politique qui unit ses parties soit extrêmement relâché, quelquefois même insensible. (1) A Méroë, ce lien était double : c'était, d'abord, la *religion*, c'est-à-dire, un certain culte presqu'entière-

---

(1) Voyez la description du royaume de Bornou, dans les *Proceedings of the African association*, pag. 189 et suiv.

ment fondé sur les oracles ; ensuite , le *commerce ;* liens solides ,. et le plus capables d'enchaîner des peuples barbares. Ce culte , joint aux oracles , satisfaisait leu curiosité superstitieuse ; et le commerce , leurs besoins physiques. Eratosthenes nous a laissé un tableau exact des habitans de Méroë. L'île contenait plusieurs petits peuples , dont les uns avaient quelqu'idée de l'agriculture , et dont les autres étaient pasteurs ou chasseurs. Chacun d'eux choisissait la manière de vivre la plus convenable à la portion de terre qui lui appartenait.

Les peuples Nomades de Nubie n'étaient plus soumis à Méroë , à l'époque où Aratosthènes écrivait. Il est difficile de déterminer les frontières d'un peuple Nomade ; et il serait ridicule d'appliquer à des tems antérieurs , ce qu'Eratosthènes rapporte de son siècle , sur-tout , s'il est vrai ce que dit Hérodote , que Méroë était un Etat conquérant ; et qu'il avait , au tems de sa splendeur , deux cents cinquante mille hommes sous les armes. A

l'ouest, Méroë était bornée par des déserts de sables; et elle avait, à l'est, les
sauvages Shangallas, et les Troglodytes-
Gallas, éloignés de dix à onze jours de
voyage de la *ville* de Méroë. Il ne paraît
pas qu'ils lui eussent encore été soumis,
puisqu'ils avaient leurs chefs ou rois,
ainsi que je l'ai observé plus haut.

D'autre part, Méroë avait, au sud,
une province qui, par un événement
extraordinaire, se trouvait occupée par
une nombreuse peuplade de *Colons
Egyptiens*. Lorsque Psammeticus s'empara de la souveraineté de l'Égypte, à
l'aide des mercenaires étrangers, la caste
militaire, déjà sensiblement offensée de
la suprématie que la caste sacerdotale s'é-
tait arrogée dans les troubles antérieurs,
se révolta contre l'usurpateur. Ces guerriers Égyptiens, que l'on pourrait nommer
la noblesse d'Égypte, puisqu'ils appartenaient à la classe la plus distinguée,
aimèrent mieux abandonner leur patrie,
que de se plier au nouvel ordre de choses
introduit en Égypte, avec le gouverne-

ment de Psamméticus. Envain le roi essaya de les retenir ; ils se moquèrent de ses menaces, et émigrèrent au nombre deux cents quarante mille. Ce fut l'an six cents cinquante, avant J. C. que cet événement eut lieu. Ils dirigèrent leur marche vers l'Éthiopie, et demandèrent un refuge au roi de Méroë, qui les reçut avec plaisir, et leur accorda un pays, dont on chassa les habitans trop turbulens, pour leur faire place. D'après tous les renseignemens, ce pays était la province actuelle de *Goiam*, qui n'est, de même que Méroë, qu'une île formée par la sinuosité que le Nil décrit, dès sa source, vers laquelle il semble retourner.

Ce fut dans ce lieu que s'établit la nombreuse colonie Egyptienne. Elle y forma un état particulier, mais dépendant de Méroë, et gouverné dabord par des vicerois, et dans dans la suite par des vicereines. Selon le témoignage d'Hérodote, ces colons civilisèrent les tribus Ethiopiennes du pays. Ils fondèrent des villes dont *Sembobytis* était la principale. Une autre se nommait *Esar*. Leur Etat qui dura plusieurs siécles, s'étendit, à l'orient, jusqu'aux montagnes; et l'histoire des tems postérieurs de ces pays, en conserve encore des traces très-sensibles. (1)

Tel est le tableau de l'état de Méroë qui, à certaines périodes, s'éleva à un haut dégré de puissance, et paraît même avoir momentanément soumis l'Egypte. Il conserva sa forme originaire, jusqu'au siècle du second Ptolémée, époque à laquelle il fut renversé non moins singulièrement qu'il avait été formé. Le flambeau de la philosophie grecque pénétra jusqu'en Ethiopie. Ergaménès, qui régnait alors, reconnaissant la folie de ce gouvernement sacerdotal, tomba sur ses prêtres, les tua

---

(1) Je dois prier mes lecteurs de considérer ces observations comme les résultats de recherches historiques très-soigneuses, que je me propose d'offrir au public avec toutes leurs preuves, dans une autre occasion. Les auteurs anciens, auxquels je me réfère principalement ici, sont Hérodote, Pline et Strabon.

tous, et se rendit souverain; révolution philosophique à laquelle on se serait peu attendu, dans ces contrées lointaines.

'L'état de Meroë embrassait donc une foule de tribus ou peuplades très différentes, réunies par le lien d'un culte commun, dont la suprématie était entre les mains d'une caste plus civilisée que les autres, et conséquemment dominante. Jusqu'ici, tout paraît non-seulement clair, mais même historiquement prouvé. Mais il reste toujours de grandes questions à résoudre. Comment se forma cette caste sacerdotale ? comment se perpétua - t - elle ? et qu'elle fut sa puissance ? Peut-être serons-nous en état d'y répondre, si nous examinons l'espèce de culte établi chez elle, et principalement les lieux indépendans de Meroë, où ce culte était également introduit.

Il est impossible de prouver, par des témoignages historiques, l'origine de cette caste civilisée et dominante. Les immigrations très - anciennement survenues dans ces pays éloignés, dépassent de beau-

coup l'époque la plus reculée de l'histoire;
et quand bien même nous en découvririons
la nomenclature, dans les tables de Moyse;
quand il serait prouvé que cette caste était
Cussite, en serions-nous plus instruits?
Quoi qu'il en soit de l'opinion du chevalier
Bruce, que la demeure primitive de ces
peuples fut dans les montagnes qui bordent la mer rouge; et qu'ils quittèrent ces
montagnes dans la suite, pour s'étendre
dans les plaines occidentales, (opinion raisonnable et fondée sur la marche ordinaire de la population, mais, cependant,
très conjecturale); je ne m'arrête plus à
cette question que pour ajouter une seule
réflexion qui confirmera les recherches
suivantes : c'est que tout ce que nous
connaissons de la formation de cette caste
porte un caractère local. C'est en Ethiopie
qu'elle devint ce qu'elle était, et elle le devint à la faveur de circonstances locales.
Ainsi, si elle y émigra, ce ne fut que comme
barbare; et il nous importe peu d recher-
cher la généalogie de hordes sauvages.
Il paraît que ces prêtres se prétendaient in-

digènes, et les écrivains Grecs n'observent jamais aucune différence entre eux et les autres peuples Ethiopiens qui habitaient la presqu'île de Méroë. Cependant ils se distinguaient par leur chevelure crépue, de même que les Shangallas leur voisins. C'est ce qui me porte à croire que cette caste sacerdotale de Méroë était Indigène, ou peut-être que c'etait une race négre venue des montagnes situées à l'orient, et qui, par des causes que je développerai bientôt, se poliça dans le pays où elle s'établit; et, à la faveur de sa supériorité, fonda et gouverna l'empire dont j'ai décrit plus haut l'origine et la constitution.

Il y a plus de certitude et de clarté dans les rapports que les anciens nous ont laissés sur le culte de cette caste : « ils n'adorent, dit Hérodote, que Jupiter et » Bacchus »; (c'est-à-dire, Ammon et Osiris, selon l'opinion du même écrivain). « Ils ont aussi un oracle de Jupiter, et ne » dirigent leurs expéditions militaires » qu'aux lieux et au tems ordonnés par ce

» dieu. » Le culte d'Ammon était très-singulier. Une troupe de prêtres promenoit, en grande pompe, dans un vaisseau d'or, sa statue couverte de pierres précieuses. Il est facile de voir que c'était un usage symbolique, sur le sens duquel je m'expliquerai dans la suite.

Mais la manière dont cette caste sacerdotale se répandit est plus singulière encore que la caste même. On trouve chez les anciens les preuves les plus évidentes qu'elle avoit l'usage d'envoyer au loin des colonies tirées de son sein, qui portaient le culte de leur dieu aux lieux où elles s'établissaient, et devenaient fondatrices d'empires nouveaux, à l'instar de leur métropole. Une de ces colonies, selon la témoignage d'Hérodote, était *Ammonium*, située dans les déserts de Libye. Non-seulement elle avait un temple et un oracle, mais même elle formait un état, dans lequel la caste sacerdotale avait, de même qu'à Méroë, la souveraineté et le droit de choisir un roi dans son

sein (1). Il est très-vraisemblable que
Thèbes était un établissement antérieur
du même genre. Il est vrai que cet état
éprouva trop de révolutions politiques pour
avoir pu conserver autant de ressemblance
avec sa métropole que le premier qui,
situé au milieu des déserts de Libye,
n'eut aucune occasion de se civiliser,
ou de s'agrandir. Mais ce culte d'Ammon,
cette caste sacerdotale toujours puissante
et constamment unie à Méroë, avec le
secours de laquelle elle fonda cette colonie, et la tradition des Éthiopiens, qu'ils
en étaient eux-mêmes les fondateurs,
donnent à cette idée un degré de vraisemblance très-voisin de la certitude.

---

(1) On trouve une description de cet état dans
Diodore, pag. 527 et suiv. J'ai trouvé la confirmation de mes conjectures sur le commerce de
sel qui se faisait à Ammonium, dans Arien, *de
Exped. Alex. Mag. III*, p. 54, édit. d'Etienne.
Le sel dont on se servait pour les sacrifices, en
Egypte, était presque toujours tiré de ce lieu,
parce qu'il était plus pur et plus blanc que le sel
de mer.

La manière dont se propagea cette caste doit, sans doute, nous paraître étrange ; mais il suffit, pour éclaircir cet objet, de rappeller au lecteur l'observation déjà faite, que ces trois points étaient les chef-lieux du commerce des caravanes. Je l'ai prouvé, pour ce qui regarde Ammonium et Thèbes. Quant à Méroë, la suite de ces recherches en fournira des preuves incontestables.

Un trait de lumière vient éclairer ici les premiers âges de l'Egypte et de l'Ethiopie, et nous offrir un point de vue aussi nouveau qu'inattendu. Qui n'entrevoit qu'il y existait une liaison entre le commerce et la religion ; liaison d'autant plus naturelle, pour ces pays, qu'elle contraste plus avec nos institutions modernes ? Pourquoi ces prêtres ne seraient-ils pas les grands négocians, entre les mains desquels était le commerce des caravanes, pour le midi de l'Afrique ? Pourquoi ne seraient ils pas les fondateurs des palais et des temples qui s'élevaient sur les rives du Nil et sur les grandes routes de commerce, et qui servaient, à la fois, de sanctuaires pour leurs dieux, d'habitations pour eux-mêmes, et de stations pour leurs caravanes? Pourquoi même ne seraient-ils pas les créateurs de ces états, qui se formèrent dans la suite, en Egypte, sur le modèle de celui de Méroë? Ces questions, le lecteur se les est peut-être déjà proposées; mais pour n'y pas répondre d'une manière insuffisante, cherchons un plus haut point d'appui; et considérons cet ancien commerce de l'Ethiopie d'aussi loin que l'obscurité des premiers âges nous le permet.

CHAPITRE III.

Relations commerciales de Méroë et de l'Ethiopie.

L'ANTIQUITÉ présente une foule d'objets que ne peuvent prouver les témoignages des anciens écrivains; mais qui n'en ont pas moins de certitude aux yeux de l'observateur raisonnable. A cette classe appartiennent les *premières relations commerciales des Éthiopiens.*

Et en effet, quel historien pourrait nous en donner le tableau? Les Hébreux, seuls écrivains de ces siècles, ne parlent qu'accidentellement de l'Éthiopie.

Il est vrai qu'Hérodote, qui nous a déjà tant de fois guidés, peut encore nous donner beaucoup de renseignemens sur ces contrées; mais, lorsqu'il écrivait, ce commerce avait déjà beaucoup perdu de son activité. L'Égypte était alors sous la domination des Perses, qui traitaient hostilement l'Éthiopie, et étaient, sur-tout, les ennemis déclarés de la caste sacerdotale, qui s'y était emparée du gouvernement et du commerce.

Mais des relations si vastes et si importantes, et qui embrassent, avec l'Ethiopie, l'Arabie heureuse, et l'Inde, dûrent laisser des traces qui, sans doute, ne purent disparaître si promptement. Aussi en trouve-t-on une si grande quantité, tant dans les écrivains déjà cités, que dans beaucoup d'autres, qu'elles peuvent expliquer non-seulement l'existence, mais encore la marche de ce commerce. De nos tems, un célèbre voyageur, (1) qui alla lui-même dans ce pays, et s'acquit, sur une foule d'objets, les connoissances intuitives qu'il nous faut puiser dans les livres, par un travail pénible, a. pareillement prouvé l'existence de ce commerce; mais ses observations, sur ce point, sont entremélées de tant d'hypo-

---

(1) Voyez les Voyages de Bruce, tom. I, pag. 411 et suivantes.

thèses, qu'elles en perdent presque tout leur prix, du moins pour l'histoire. Il ne s'est presque point arrêté aux développemens des témoignages historiques ; mais, en revanche, les preuves qu'il tire de la disposition physique de ces pays méridionaux, sont d'une grande importance, et démontrent le besoin réciproque qu'avaient ces pays, de liaisons commerciales. Sans doute, ces témoignages ne sont pas des preuves ; mais ils acquièrent une grande force, dès qu'ils se fondent sur des données historiques.

Plus nous remontons vers les antiquités Egyptiennes, plus nous trouvons de relations entre l'Egypte et l'Ethiopie. La plupart des Etats Egyptiens dûrent leur origine à ces relations. Thèbes et Méroë fondèrent, de concert, une colonie en Libye. L'Egypte fut, plus d'une fois, envahie par des conquérans Ethiopiens ; et ses rois prénétrèrent, à leur tour, en Ethiopie. Mêmes mœurs, mêmes usages, même écriture dans l'un et l'autre pays. Enfin, sous Psamméticus, un parti puissant et nombreux de mécontens se retira d'Egypte en Ethiopie. Tous ces faits ne prouvent ils pas une union constante, qui ne put être formée et entretenue que par des relations longues, paisibles et amicales?

De plus, l'histoire nous apprend que l'Egypte était inondée des marchandises des pays du sud. D'où recevait elle ces aromates, qui servaient à embaumer, tous les ans, tant de milliers de cadavres? Ces parfums, qui brûlaient sur ses autels? et cette immense quantité de coton qui servait au vêtement de ses habitans, et que son propre sol ne produit qu'en très-petite quantité?

D'où naquit cette antique célébrité des pays d'or de l'Ethiopie, que Cambyse voulut conquérir, et où il perdit la moitié de son armée? D'où venait cette quantité d'ivoire et d'ébène qui ornèrent les premiers monumens des Grecs et des Hébreux? Comment, sur tout, se répandit le nom des Ethiopiens, que l'on retrouve dans les traditions de tant de peuples, et que célébraient, à la fois, les poëtes Juifs, et les premiers chantres de la Grèce, si les déserts qui entouraient ces peuples les avaient éternellement séparés de ceux des pays septentrionaux ? Mais pourquoi en appeller à la voix des traditions long tems étouffée ? Qu'ils parlent eux-mêmes, ces débris de monumens superbes, dont la chaîne s'interrompt près d'Éléphantine et de Philé, pour recommencer, sous la même forme, à Axum et à Méroë ! Ils nous apprennent assez qu'il devait exister une communication intime entre les peuples qui les érigèrent.

Mais nous trouvons des traces encore plus sensibles de ces anciennes relations, dans un pays voisin, *l'Arabie-Heureuse*. C'était la patrie de l'encens, de la casse, de la myrrhe, et de plusieurs espèces de parfums. Et quand même aucun témoignage d'écrivains dignes de foi ne confirmerait ce fait, cette seule circonstance prouverait que l'Arabie Heureuse était un des chef-lieux du commerce du monde,

puisque nous trouvons ses productions
répandues, en grande quantité, dans les
contrées les plus lointaines. Mais ici les
preuves ne nous manquent point. Dès que
les Grecs eurent connaissance de ce pays,
il ne fut plus question que des immenses
richesses qu'il recelait. « Les Sabéens,
» dit Agatharchides, dans Diodore, sur-
» passent non-seulement les Barbares de
» leur voisinage, mais même tous les
» autres peuples, en richesses et en ma-
» gnificence. La moindre de leurs mar-
» chandises est d'un très haut prix chez
» les nations commerçantes. Leur éloi-
» gnement les ayant, jusqu'ici, préser-
» vés des dévastations hostiles, ils ont
» accumulé une immense quantité d'or
» et d'argent, sur-tout, dans la capitale.
» On y voit des ouvrages de toute espèce,
» fabriqués avec ces métaux, des bancs
» et des trépieds garnis d'argent, et un
» nombre incroyable de meubles pré-
» cieux. Les colonnes y sont chargées d'or,
» et les chapiteaux ciselés d'argent. Les
» façades des maisons sont couvertes d'or

» et de diamans. Il règne aussi un luxe ex-
» traordinaire dans la décoration des ap-
» partemens, pour laquelle on emploie
» l'or, l'argent, les diamans, l'ivoire et
» tout ce que l'on connaît de plus préci-
» eux. Ce peuple jouit, de tems immé-
» morial, d'un bonheur continuel, parce
» qu'il est éloigné de tous ceux dont la
» cupidité s'enrichit des trésors d'au-
» trui. «

Voilà donc, dans les pays du Sud, encore un peuple non-seulement enrichi
par le commerce, mais civilisé, et chez
lequel l'architecture et les beaux arts
avaient acquis un certain dégré de perfection. Il ne faut pas nous étonner de
l'opulence de ce pays, puisqu'il était à la
fois, le dépôt principal des marchandises
Arabes et Éthiopiennes, et le plus ancien
entrepôt du commerce des Indes.

Les écrits de Moyse démontrent très-
clairement que l'Arabie heureuse était en
relation, d'un côté, avec l'Inde, et de
l'autre, avec l'orient de l'Afrique, et notamment avec l'Égypte ; c'est une opinion

généralement adoptée par nos savans modernes. Moyse nomme, au nombre des
aromates, qui devaient servir à la prépa-
ration de l'huile sacrée, ceux de l'Arabie
et de l'Inde. La Cannelle dont il parle
souvent est, autant que nous le savons,
le premier objet de commerce venu
de l'Inde, dans les pays occidentaux.
Ainsi, c'est moins l'existence de cet ancien commerce de l'Inde, que sa marche,
qui a demeuré ignorée jusqu'à nos jours.
Cependant, la position de l'Arabie Heureuse, et les renseignemens que j'ai
donnés plus haut, devraient faire soupçonner que ce pays était l'entrepôt des
marchandises de l'Inde ; mais ce soup-
çon devient une certitude, par le témoignage d'un écrivain ancien, parfaitement informé. Je veux parler de l'auteur
du Périple de la Mer rouge. « Avant,
» dit-il, que l'on naviguât de l'Inde en
» Egypte, et de l'Egypte dans l'Inde,
» (c'est-à-dire, avant le tems des Ptolé-
» mées,) l'Arabie-Heureuse était l'entre-

» pôt des marchandises de l'Inde et de
» l'Egypte, de même qu'Alexandrie l'est
» aujourd'hui pour celles de l'Egypte et
» des autres nations. » Il est ici question de l'espace de tems compris avant
et pendant la domination des Perses.
Alors, la navigation de l'Inde n'était,
sans doute, qu'un cabotage. Mais était-ce
des vaisseaux Indiens ou Arabes qu'on y
employait? c'est ce que je ne puis décider. (1) Il est seulement notoire que le
transport de ces marchandises, depuis
l'Arabie Heureuse, se faisait par caravanes; et que c'était, en partie, des Madianites dont il est fait mention, dès le tems
de Jacob, et, en partie, des Ethiopiens,
qui formaient ces caravanes. J'en parlerai
plus en détail, dans la suite.

____

(1) J'ai fait de plus amples recherches sur
cette ancienne branche de commerce, dans
ma seconde dissertation sur l'Inde ancienne, *de
viis mercaturæ indicæ*, que l'on trouve dans le
onzième volume des commentaires de la Société
des sciences de Gottingue. J'y renvoie mes lec-

Je crois avoir mis mes lecteurs en état de juger de l'existence et de l'étendue de ces anciennes relations des peuples méridionaux. C'était un lien qui unissait les pays qui produisent l'or, les aromates, l'encens, les diamans, les épiceries, enfin les plus riches et les plus fertiles régions du globe.

Il me reste à faire une seconde recherche importante sur la marche de ce commerce, à travers le vaste continent de l'Afrique. J'ose espérer que les vues nouvelles et inattendues qui se sont offertes à nous, plus d'une fois, dans le cours de ces recherches, engageront le lecteur à fixer encore son attention sur les observations qui vont suivre.

Il est inutile de prouver que cet ancien commerce de l'Éthiopie se faisait par caravanes. La nature du pays n'en permet pas d'autre. Au témoignage d'Hérodote,

---

teurs. M. Robertson a traité cette question, dans son ouvrage sur l'Inde ancienne.

le Nil n'étoit que peu navigable au-dessus
de l'Égypte, (quoique cette voie fut connue, dès les premiers tems, ainsi que je
le démontrerai plus loin,) et le commer-
çant isolé ne pouvait pas plus que de
nos jours, traverser les arides déserts de
sable, et les hordes vagabondes des Nomades, sans une sûre escorte.

Dans mes recherches sur le commerce
de terre des Carthaginois, j'ai examiné
les routes des caravanes qui passaient de
l'Afrique septentrionale et du Niger, en
Égypte, et nous avons vu que Thèbes était
leur point de contact. Il ne s'agit donc plus
que de partir de Thèbes, pour accompagner ces caravanes en Éthiopie et jusqu'à Méroë, chef-lieu du commerce,
pour ce pays.

A la faveur de sa position, Méroë
était le centre naturel et essentiel du
commerce des caravaues, entre l'Éthiopie et les pays en-deçà des déserts de
Nubie, sauf l'interruption momentanée
que des hordes trop formidables pouvaient occasionner alors, comme aujour-

d'hui, dans ces communications. Méroë est le premier pays fertile qui s'offre aux yeux du voyageur, au-delà des déserts, et conséquemment un lieu de repos pour les caravanes fatiguées qui n'y parviennent jamais sans peine, et presque jamais sans danger. C'est aussi l'entrepôt naturel des denrées de l'Afrique intérieure, qui sont transportées dans les parties septentrionales de ce continent. C'était même la dernière station du chemin de Tomboucto en Égypte, et, au moyen des fleuves navigables qui l'entourent de toutes part, elle avait une communication facile avec les pays du Sud. Son peu d'éloignement de l'Arabie heureuse la mettoit aussi en relation avec cette contrée, et il en résulta qu'aussi long tems qu'elle fut en possession du commerce de l'Inde et de l'Arabie, Meroë fut l'entrepôt des marchandises de ces pays, destinées pour l'Afrique.

Ces preuves sont d'un grand poids pour celui qui connaît la marche presque invariablement assignée par la nature, au com-

merce de caravanes ; mais il est tems de
les appuyer sur des témoignages historiques , et les voyageurs nous en offrent
abondamment.

« *Chandi* , (1) (dit le chevalier Bruce ,
» était autrefois le point de rassemblement
» d'une foule de peuples. Les caravanes
» de Senaar, de l'Égypte , de Suakem
» et de Cordofan , avaient coutume de
» s'y rassembler, sur-tout , depuis que les
» Arabes avaient intercepté la route de
» Dongola et les déserts de Bahiuda. »

Actuellement, la communication entre
l'Egypte et l'Abyssinie est entièrement
coupée par les nombreuses hordes des Arabes Bédouins de Nubie : ainsi , il ne faut pas
nous étonner que le Voyageur Anglais
n'y ait pas trouvé plus de traces de caravanes. Mais on a des détails plus exacts
dans les relations de *Maillet* , autre voyageur non moins célèbre (2) qui écrivait

----

(1) Chandi est la ville la plus voisine du terrein
qu'occupait l'ancienne Méroë.

(2) Description de l'Egypte , par Maillet, page
197 , 216 et suivantes.

au commencement du siècle. De son
tems, il arrivait encore annuellement à
Chandi, deux caravanes de Sennaar, qui
apportaient de la poudre d'or, de l'ébène,
du baume, et deux à trois mille esclaves noirs; marchandises aussi connues,
et aussi estimées, chez les anciens, que
de nos jours. La caravane se rassemblait
à *Gerri*, lieu situé à quelques milles au-
dessus de Chandi et de l'ancienne Méroë.
Les négocians de Sennaar, de Gondar,
capitale de l'Abyssinie, et de plusieurs
autres nations de l'intérieur de l'Afrique,
se réunissaient en ce lieu, à une époque
fixe. Les caravanes laissaient le Nil à l'est
et dirigeaient leur route à travers la Libye
où elles trouvaient, après une marche de
dix sept jours, une vallée fertile et couverte de palmiers, (peut être l'ancienne
Vallis garamantica); puis le chemin traversait un pays montueux, et la caravane
ne rejoignait le Nil qu'à *Monfelut*, ville
de la haute Égypte.

Je trouve, sur la carte du chevalier
Bruce, une autre route de caravanes à

laquelle la relation de *Wansleben*, autre voyageur du dernier siècle peut servir de commentaire. (1) La roue commence à *Siout*, dans la haute Egypte ; elle traverse *El waad*, ou la grande Oasis des anciens, et les déserts de *Selima*, jusqu'à la grande cataracte de *Succoot*, sous le vingt deuxième dégré de latitude septentrionale. De-là, elle cotoye constamment le Nil, dans presque toutes ses sinuosités, jusqu'à *Korti*, sous le dix-neuvième dégré de latitude ; où elle quitte encore le fleuve, pour traverser les déserts de *Bahiuda* jusqu'à *Gerri*.

Gerri et Chandi, c'est-à-dire, les environs de l'ancienne ville de Méroë, sont donc encore le point de rassemblement, ou le but des caravanes Ethiopiennes, qui vont en Egypte, ou qui en arrivent, quelque soit le chemin qu'elles prennent. Comparons maintenant, et déterminons

---

(1) Cette relation se trouve, en manuscrit, dans notre bibliothèque publique.

la direction de l'ancienne route de commerce entre ces deux pays.

D'après toutes les traces qui en restent, elle suivait, autant que possible,
le cours du Nil. On préférait un détour
un peu long, pour éviter les dangers des
déserts de *Libye* et de *Nubie*.

Le premier, et le plus important témoin, est Hérodote. Le chemin d'Eléphantine à Méroë, qu'il a noté, et que
j'ai expliqué plus haut, cotoie toujours
le Nil; et c'est, au fond, le même que
celui que Wansleben a décrit, et que
Bruce a tracé sur sa carte. En effet, le
premier se joint à l'autre, immédiatement au-dessus de *Girgé*, ou *Tachompso*,
et il ne le quitte qu'aux limites du désert
de Bahiuda, lieu où Hérodote recom-
mande pareillement de regagner le Nil,
pour éviter les sables. Il compte cinquante six jours, d'Eléphantine à Méroë;
et Wansleben, dont le chemin commence
beaucoup plus au nord, et se termine un
peu plus au sud, observe que les caravanes sont trois mois en route; ce qui

s'accorde parfaitement avec le rapport d'Hérodote. Il est donc vraisemblable que le chemin décrit par ce dernier, est l'ancienne route des caravanes ; car il est difficile de croire que des voyageurs eussent osé entreprendre, seuls, ce long et périlleux voyage : or, si c'est en, effet, la même route, il en résulte que, au-dessus, de l'Egypte, on se servait aussi du Nil, pour le transport des marchandises, par-tout où les localités le permettaient ; mais la très-majeure partie du voyage se faisait ordinairement par terre.

C'était, sans doute, par cette route, que l'on communiquait avec l'Ethiopie, à l'époque des Ptolémées. Dans cette vue, les premiers de ces princes y avaient établi plusieurs villes ; et ce fut par ce chemin que les envoyés de Néron parvinrent à Méroë.

Les relations qui existent entre Meroë et sa colonie d'Ammonium, en Lybie, font présumer avec fondement qu'il y avait un chemin direct qui traversait la grande Oasis et coïncidait parfaitement avec celui que Wansleben a décrit. Il est vrai que je n'en trouve pas la confirmation expresse; mais le silence des écrivains ne peut servir nulle part de contre-preuve, moins que dans ses recherches.

Les relations commerciales entre Meroë et l'Egypte, une fois prouvées, il est presque superflu d'observer qu'elles devaient nécessairement s'étendre beaucoup plus loin dans le midi de l'Afrique. Meroë n'était même que le lieu ou toutes les productions des pays méridionaux étaient rassemblées pour être transportées de là, sur le Nil, ou par caravanes, dans l'Afrique septentrionale. A proprement parler, le but de ce commerce était le riche pays de l'or, situé beaucoup plus au sud. On en a une preuve évidente dans le peuple des Macrobiens, dont la demeure était plus rapprochée de la ligne que Meroë, ainsi que je l'ai démontré plus haut. Il faut bien qu'il exis-tât des relations entre ce peuple et l'E-gypte, puisque Cambyse y ayant projetté une irruption, envoya sur les lieux, comme espions, des Ichtyophages-Egyptiens qui connaissaient la route et parlaient la langue des Macrobiens.

La communication entre le nord et le sud de l'Afrique n'est guères entravée que par les déserts. Les pays situés au-delà des sables communiquent entre eux, sans aucun obstacle, ainsi que nous l'apprennent et les relations des anciens et les nouveaux rapports de la société anglaise.

Telles sont les traces qui nous restent de ces relations entre l'Égypte et l'Éthiopie; mais il est plus difficile de reconnaître la route qui conduisait de Méroë dans l'Arabie heureuse.

Je ne crois pas qu'il soit nécessaire de démontrer de nouveau la communication qui existait entre ces deux pays. Il serait unique dans l'histoire, que deux grands peuples aussi commerçans que ceux de Saba et de Méroë, favorisés, sous tous les rapports, par la nature, accoutumés aux voyages de long cours, obligés de communiquer entre eux, à cause de leurs besoins réciproques, et si rapprochés l'un de l'autre, eussent vécu constamment isolés; mais les marchandises répandues, dès la plus haute antiquité, dans ces deux pays, prouvent positivement le contraire. Autrement, d'où seraient venus cette quantité d'ivoire, en Arabie, où il n'y a point d'éléphans, et ces parfums d'Arabie avec lesquels les Éthiopiens et les Égyptiens embaumaient leurs momies?

Malheureusement les historiens gardent un silence absolu sur la route que suivait ce commerce; mais il en existe encore des traces, que la main du tems n'a pu entièrement effacer. Au milieu de cette route, s'élèvent les ruines d'*Axum*, et l'on distingue encore celles d'*Azab*, sur la côte opposée de l'Arabie heureuse.

Il est nécessaire de faire encore quelques recherches sur *Axum*, ancienne capitale de l'Éthiopie. D'après tout ce que j'en sais, le nom de cette ville n'est cité par aucun écrivain antérieur au second siècle. Ni Hérodote, ni Strabon ne la connaissaient. Le premier qui en fasse mention est l'auteur du Périple de la mer Rouge , qui vivait sous les Antonins (1). Ptolémée en parla immédiatement après lui. Dans le sixième siècle , à l'époque où Justinien voulut entrer en liaison avec l'Ethiopie, Axum acquit une grande célébrité. C'était la résidence des rois de l'Abyssinie. Cosmas , Nonose, Procope et d'autres en parlent au long.

On ne m'opposera pas, sans doute, que le silence des écrivains dénote le peu d'antiquité de cette ville. D'ailleurs , cette antiquité est prouvée par une inscription qui porte le nom de Ptolémée Evergètes, qui, ainsi que le prouve le monument trouvé à *Adulé*, conquit la la province de *Tigra* , dans laquelle Axum était située.

---

(1) Voyez le Périple de la mer Rouge , dans la géographie de Hudson, tom. I, pag. 3. Axum y est citée comme une capitale (*metropolis*); elle était alors le chef-lieu du commerce de l'ivoire. Il y avait sept à huit journées de route , de cette ville à la mer Rouge.

Il s'agirait donc de savoir si Evergètes
fut le fondateur ou seulement le restau-
rateur d'Axum. Les écrivains de l'antiquité se taisent sur ce point; mais il est
d'autres témoins qui parlent, je crois,
assez clairement : ce sont les ruines de
cette ville. En voici la description extraite
du voyage du chevalier Bruce.

« Le dix-huit janvier 1770, dit-il, nous
» arrivâmes dans une plaine où s'élève la
» ville d'Axum, qui était, à ce que l'on
» croit, l'ancienne capitale de l'Abyssinie.
» Quant à moi, je penche à croire que c'é-
» tait la capitale d'une nation riche et com-
» merçante, ou celle des Ethiopiens Tro-
» glodytes, par la raison que les Abyssins
» ne bâtirent jamais de villes, ainsi que je
» l'ai déjà dit; en effet, il n'y a pas la
» moindre trace de ville dans tout le pays;
» mais dans la partie qu'habitaient les
» Troglodytes ou Nègres, on trouve çà
» et là, et notamment à *Azab*, (1) des

______

(1) Azab est sur la côte d'Afrique, près du dé-

» édifices solides, grands , somptueux et
» proportionnés au luxe et aux richesses
» d'un état qui, dès les premiers tems,
» fut l'entrepôt du commerce de l'Afri-
» que et de l'Inde.

» Les ruines d'Axum sont très-éten-
» dues ; la plupart consistent en édifices
» publics. Sur une place quarrée, que je
» suppose avoir été le centre de la ville,
» s'élevent quarante obélisques, dont au-
» cun ne porte d'inscriptions hiérogly-
» phiques ; ils sont tous d'un seul mor-
» ceau de granit, et à la pointe de l'é-
» guille, on remarque un vase très - bien
» travaillé, dans la manière grecque, etc.

» Nous passâmes ensuite vers le sud
» par un chemin taillé dans une monta-
» gne de marbre rouge, et nous avions à
» notre gauche un massif de pierre, for-
» mant un mur haut de cinq pieds. De
» distance en distance on a taillé dans

troit de Babel Mandeb, directement vis-à-vis l'A-
rabie heureuse.

» cette muraille des piédestaux, sur les-
» quels on apperçoit des vestiges qui pa-
» roissent avoir appartenu à des statues
« colossales de Sirius. Il existe encore
» cent trente-trois piédestaux, avec les
» débris de ces statues ; mais lorsque je
» les vis, on n'y distinguait plus que deux
» figures de chiens, très-mutilées, et dans
» lesquelles il est aisé de reconnaître le
» style égyptien (1). On y voit aussi d'au-
» tres piédestaux qui avaient servi à
» porter des figures de sphinx, et deux
» beaux escaliers ; de quelque cent pieds
» de large, faits de granit, parfaitement
» bien conservés, et qui semblent être
» les débris d'un temple superbe. »

Quelque défectueuse que soit cette description sous plusieurs rapports, elle est,
à mon avis, plus que suffisante, pour ne
laisser aucun doute sur les antiquités

____

(1) Ces figures mutilées ne représenteraient-
elles pas des sphinx, ou même des lions égyptiens, tels que ceux qu'on voit à Rome, près de
la *Fontana felice.*

Pagination incorrecte — date incorrecte

NF Z 43-120-12

Texte complet

d'Axum. Qui n'apperçoit pas , dans ces édifices et dans ces monumens, une ressemblance frappante avec ceux de l'ancienne Égypte (1) ? Ces avenues d'obélisques, ces rangées de sphinx, ces colosses, ces temples de granit, n'offrent-ils pas la même architecture , le même goût que les ruines de Thèbes, d'Éléphantine et de Méroë? Serait-ce là l'ouvrage d'un prince grec, et de siècles plus modernes ? La critique s'irrite justement contre une proposition que l'inspection seule peut démentir.

Maintenant, si l'on demande à quel peuple Axum doit son établissement, je réponds qu'elle la doit au même peuple

---

(1) En vain opposerait-on à mon opinion ces vases *grecs*, dont parle M. Bruce? Ce voyageur n'est rien moins que connaisseur en antiquités ; car il ajoute qu'il a vu sur le même monument des ornemens dans le goût *gothique*. D'ailleurs, ces vases étant placés à la pointe de l'obélisque, il eût été bien difficile au meilleur connaisseur d'en distinguer parfaitement la forme.

G

qui fonda Méroë, Thèbes et Ammonium,
et qui y établit, non pas seulement des
villes, mais des empires. L'histoire ne
nous fait pas connaître dans quel rapport
était l'ancienne Axum avec Méroë; mais
si l'on n'a pas oublié que cette dernière
ville est toujours considérée comme la
métropole des autres, on se convaincra
qu'Axum était une colonie de Méroë,
de même que les deux états que je viens
de citer. Elles avaient toutes une destination commune, l'extension du commerce. Les premières étaient des lieux
de rassemblement pour les caravanes qui
commerçaient avec le nord de l'Afrique ;
Axum servait au même usage, pour
l'Arabie-Heureuse ; et pour cette raison,
elle était placée au centre de la route.

Le terme du voyage était *Azab*, située
à l'embouchure du Golfe Arabique, et
d'où il ne fallait que quelques heures
pour passer dans l'Arabie-Heureuse. Des
ruines semblables à celles dont on vient
de lire la description faite par M. Bruce,
distinguent encore de nos jours ce lieu

important, qui fut jadis le premier entrepôt des marchandises de l'Inde et
de l'Arabie, destinées pour l'immense
Afrique.

Une circonstance remarquable, et plus
d'une fois notée par le chevalier Bruce,
c'est que, dans toute l'Abyssinie, Azab,
Axum et Méroë, sont les seuls lieux où
l'on trouve des débris de ces grands monumens, dont la forme atteste à-la-fois
l'antiquité et la commune origine. Ce
sont par-tout des ruines d'édifices publics.
Tout y est colossal. Quant aux maisons
particulières, on n'en trouve pas le moindre vestige. Peut être est-ce leur défaut
de solidité qui les a fait disparaître. Mais,
d'ailleurs, est-il sûr qu'on puisse attacher
à ces anciennes villes l'idée que présen-
tent les nôtres ? La plus grande partie
des habitans de l'Ethiopie étaient Nomades alors, comme aujourd'hui. Qui donc
osera décider que les lieux où ils se ras-
semblaient fussent proprement des villes?
Ces terreins couverts de temples et d'obélisques n'étaient-ils pas plutôt de simples

entrepôts où les caravanes se réunissaient de plusieurs points du globe, et où
des peuples lointains venaient, sous la
protection des divinités de ces temples,
apporter et échanger les trésors de leurs
pays? Il me semble que cette idée con-
viendrait mieux à la nature de l'Éthiopie,
et qu'elle coïnciderait parfaitement avec
la grandeur de ces édifices. On ne peut
répéter trop souvent que, dans ces contrées éloignées , tout marchait par d'autres voies, et vers un autre but que
dans les pays que nous habitons.

En résumant ce qui a été dit jusqu'ici,
nous obtiendrons les résultats suivans :

Premièrement, de tems immémorial,
il exista des relations de commerce entre
l'Afrique et le midi de l'Asie, entre l'Inde
et l'Arabie, entre l'Éthiopie, l'Égypte et
la Libye; relations fondées sur les besoins
réciproques, et première cause de la civilisation de ces peuples.

Secondement, le point central de ces
relations, pour l'Afrique, était Méroë;

et la route principale que suivait ce commerce, est encore indiquée par une chaîne de ruines qui se prolonge, depuis les bords de l'Océan Indien, jusqu'à la Méditerranée. Azab et Axum sont comme les anneaux de cette chaîne qui liait l'Arabie heureuse à Méroë. Il en était de même de Thèbes et d'Ammonium, relativement à Méroë, à l'Egypte et à Carthage.

Troisièmement, les places principales de ce commerce étaient, en même-tems, des colonies de cette caste sacerdorale dominante, dont la résidence était Méroë, d'où elle envoyait au dehors des missionaires qui devenaient, à leur tour, fondateurs de temples, de villes, et même d'empires nouveaux.

Il est donc impossible de ne pas reconnaître ici une étroite liaison entre la religion et le commerce. On distingue même la voie par laquelle plus d'un état de l'Afrique intérieure parvint à la civilisation. S'il est prouvé que cette caste sacerdotale (1) établissait des colonies pour accélérer la marche du commerce, il est hors de doute qu'elle y prenait une part directe.

Le commerce des caravanes comporte l'emploi d'un grand nombre d'individus. D'abord, la sûreté dans ces longs voyages, impose aux marchands la nécessité de se faire accompagner d'une nombreuse escorte; mais de plus, l'organisation des caravanes, l'entretien des chameaux et des autres bêtes de somme, le chargement et le déchargement des marchandises, etc., exigent une quantité d'employés qui, souvent, de simples conducteurs qu'ils étaient, deviennent marchands, à leur tour.

____

(1) Je crois m'être assez bien expliqué pour que le lecteur le moins instruit puisse voir que cette caste n'était nullement un clergé établi et soldé par l'état, mais que c'était une classe particulière qui parvint, par plusieurs moyens, et surtout par celui d'un culte mystérieux, à s'emparer du gouvernement.

Des hommes habitués à une vie sédentaire et au séjour des villes, ne sont pas propres à cette vie errante. C'est pour cette raison qu'en Arabie, comme en Afrique, ce fut toujours des peuples pasteurs et Nomades, dont une grande partie de ce vaste continent est couverte, que se formèrent les sociétés commerciales de cette espèce. Outre l'habileté que leur manière de vivre leur donne pour ces expéditions, leurs troupeaux leur fournissent aussi les chameaux et les autres bêtes de somme dont ils ont besoin. Ainsi les marchandises des Sabéens étaient transportées par des Nabatéens et des Madianites ; ainsi les caravanes Carthaginoises étaient composées de Lotophages, et de Nasamones ; ainsi de nos jours, celles qui vont de Tripoli au Caire, sont conduites par les habitans de Fezzan Il est très-naturel de croire qu'il en était de même en Ethiopie. Nous savons, en effet, que ce pays renfermait une quantité de peuples errans, et il se trouve dans l'antiquité, quelques lueurs qui pourront nous donner des lumières sur cet objet.

Les peuples qui habitaient, le long de l'Astapus, à l'occident de Méroë, c'est-à-dire, les pères des Agows et des Gallas actuels, visitèrent l'Egypte. Ils y parlèrent du fleuve qui arrosait leur pays, et prétendaient que c'était le Nil. Diodore apprit ces renseignemens de leur propre bouche, et ce ne put être qu'à la suite d'une longue caravane qu'ils firent ce voyage.

Mais les habitans des montagnes situées à l'Orient, c'est à-dire, les Troglodytes et leurs voisins, les Ichtyophages, prirent, à ce qu'il semble, une part encore plus grande à ce commerce. Ils étaient même si bien informés des chemins qui conduisaient jusqu'au fond de l'Afrique, que Cambyse choisit parmi eux les espions qu'il envoya au roi des Macrobiens, comme ambassadeurs. Ce n'était peut-être pas la première fois qu'ils venaient chez ce peuple, puisqu'ils parlaient sa langue.

Cette chaîne de montagnes, leurs habitans et leurs productions furent, de tous
tems, connus des Egyptiens. Hérodote
en donne la description jusqu'au détroit
de *Babel-Mandeb*, et non-seulement il
en connaissait parfaitement la direction,
mais il savait encore, qu'à leur extrémité
méridionale était un pays qui produisait
l'encens. C'est celui qui s'étend, depuis
Azab, jusqu'au cap *Guardafui*; et M.
Bruce a confirmé le fait. Une telle connaissance suppose des relations réciproo-
ques entre ces peuples, et il est très-
vraisemblable que les Nomades de ces
montagnes composaient, en grande partie, les caravanes qui voyageaient d'E-
gypte en Ethïopie, et d'Ethiopie, vers
l'Afrique septentrionale et l'Arabie-Heureuse.

Cependant on ne découvre rien qui
prouve qu'ils fussent plus que des conducteurs; car il n'y avait parmi eux aucune tribu opulente, à en conjecturer,
d'après la céremonie que Ptolémée
Philadelphe ordonna, après son avéne-

ment au trône, et dans laquelle on représenta la marche d'une caravane d'Ethiopiens-Arabes. (1) « On vit paraître, dit
» Athenée, une troupe de chameaux,
» chargés de trois cents livres d'encens,
» de safran, de casse et de cannelle,
» et de deux cents livres d'autres aroma-
» tes précieux. Ils furent suivis d'une
» troupe d'Ethiopiens armés de lances,
» et qui portaient six cents dents d'E-
» léphans, deux mille morceaux de bois
» d'ébène, et soixante caisses remplies
» d'or, d'argent et de poudre d'or. » Quoique les peuples Nomades y prissent part, ce commerce demeura entre les mains des habitans d'Axum et de Méroë, qui l'entretinrent au moyen de leurs colonies extérieures, et ces deux villes ne cessèrent point d'être ce que la nature

---

(1) Athenée pag. 201. M. Bruce parle beaucoup de ces pasteurs armés ; mais, en adoptant une autre version, c'est-à-dire, en lisant *Doro-phoroi*, au lieu de *Doruphoroi*, ces Ethiopiens n'étaient que *porteurs de présens*.

les avait faites ; cest-à-dire , les entrepôts
du commerce des pays du Sud.

Nous voici donc insensiblement parvenus à ce résultat si important pour
l'histoire de l'humanité : que le siège des
premières relations établies entre les
hommes , fut , en même-tems , le berceau de la civilisation. L'échange des denrées produisit l'échange des idées , et
cet épanchement mutuel alluma , pour
la première fois , le feu sacré de l'humanité.

En quoi consistait cette civilisation ,
et quel dégré atteignit-elle ?

Il est d'autant plus important de nous
arrêter à cette question, que des écrivains censés , mais dénués d'esprit de
critique , ont émis des opinions trop exagérées sur cet objet , tandis que d'autres , au contraire , sont restés bien au-
dessous de la vérité (1).

____

(1) On peut conférer avec cette description ,
celle de M. Plessing, dans son *Memnonium*,

Le premier objet qui doit fixer notre attention, est le culte de cette caste sacerdotale, dont j'ai parlé. S'il ne fut pas la cause première de la civilisation, du moins y contribua-t-il beaucoup. Nous sommes déjà instruits de la nature du pays, et là où tout dépend des localités, des connaissances de cette espèce mènent souvent à des résultats importans.

Thèbes, Ammonium et Méroë étaient, comme on sait, les principaux sièges du culte de *Jupiter-Ammon*, « Une troupe » de prêtres, dit Diodore, portent, dans » un vaisseau d'or, une statue de ce » dieu, ornée de pierres précieuses, et » le peuple l'accompagne, en chantant » des hymnes sacrés. »

Il existe encore parmi les ruines de Thèbes, dans le temple d'Osymandias, un bas-relief qui représente la même

---

tom. I, pag. 541 et suiv. ; celle de Delille, dans l'Histoire universelle, tom. V, pag. 35 et suiv. ; et les Idées de M. Paw, dans ses recherches sur les Egyptiens.

solemnité. On y voit dix-huit prêtres chargés du vaisseau sacré, au milieu duquel est la statue du dieu. Un des prêtres précède la marche, un flambeau à la main. Une circonstance remarquable, c'est que les cornes de belier ne sont point attachées à la tête du dieu; mais qu'elles sont placées, en manière d'ornemens, l'une à l'avant, l'autre à l'arrière du vaisseau (1).

La disposition du Nil, et la nature de la navigation entre Méroë et l'Egypte, semblent suffire pour expliquer ces mystérieux usages.

« Malgré les entraves que les roches » et les cataractes mettent à la naviga- » tion du Nil, dit Maillet (2), on ne s'en » laisse point épouvanter. On amène les » bateaux aussi près des cataractes qu'il » est possible; on décharge ensuite toutes

---

(1) On trouve la description et le dessin de ce relief, dans *Pococke*, tom. I, pag. 108, table XLII.

(2) *Maillet*, pag. 215.

» les marchandises ; quelques hommes
» enlèvent le bateau qui , pour cette rai-
» son, est ordinairement petit et léger,
» et ils le portent jusqu'au dessus de la
» cataracte , tandis que d'autres trans-
» portent les marchandises ; puis on remet
» le tout sur le Nil , et cette opération se
» répète jusqu'à ce qu'on ait passé toutes
» les cataractes. »

Ce que Maillet rapporte ici de son siècle , Pline le dit du sien.

« C'est à Syène, dit-il , que se rassem-
» blent les vaisseaux éthiopiens. On les
» plie (1) et on les porte à dos d'hommes,
» lorsqu'il faut passer les cataractes. »
Ce peu de mots ne nous donneraient-ils pas l'explication de ce culte énigmatique de Jupiter-Ammon ? Ne pourrait-on pas en déduire qu'il n'était autre chose, dans le principe, que le *symbole de la navigation entre Méroë et l'Égypte ?*

---

(1) Le mot *plicatiles*, dont se sert Pline, semble faite entendre que ces bateaux étaient de cuir.

Je souhaiterais être en état d'expliquer de la même manière, le culte de Bacchus à Méroë ; mais j'aime mieux avouer mon ignorance, que recourir à de vaines hypo: thèses. Il s'agit ici, non d'examiner ce que devint dans la suite ce Bacchus ou Osiris, en Égypte, où son culte fut transporté ; mais de savoir ce qu'il fut d'abord. Sans doute, le culte de ce dieu dût aussi son origine à des causes physiques ; et il est à remarquer qu'il s'étendit jusqu'au fond de l'Orient. Une tradition recueillie, non par les poëtes, mais par des historiens, prouve que le même Bacchus était adoré dans les trois villes de *Nysa*, situées, l'une en Éthiopie, l'autre dans l'Arabie-Heureuse, et la troisième dans l'Inde (1); mais sur quel fondement historique s'ap-

----

(1) Hérodote, tom. III, pag. 97. D'après lui, la *Nysa* d'Ethiopie était située dans les montagnes, au-dessus de l'Egypte, ou dans le pays des Troglodytes. Quant à celles de l'Arabie et de l'Inde, voyez la Géographie ancienne de Cellarius, tom. II, page 595-739.

puyait cette tradition? On ne rencontre, par tout, que monumens qui semblent attester que ce culte se répandit, comme celui de Lama, sur une grande partie de l'émisphère méridional.

La réputation de droiture et de piété que les Éthiopiens s'acquirent, dès les premiers tems, et qui parvint jusqu'en Grèce, n'exige point d'explication. Ces vertus étaient les premières qui devaient naître chez un peuple, dont la puissance n'était fondée que sur la religion et le commerce.

Toutes les conjectures que les écrivains modernes ont élevées sur les sciences des Éthiopiens, ne sont que des rêves que n'autorise aucun auteur ancien, sans excepter Diodore, qui cependant parle le plus favorablement de l'Éthiopie. Ce peuple ne cultivait ni la philosophie ni l'astronomie, quoique ces sciences convinssent assez à des hommes qui employaient la moitié de leur vie à voyager à travers des déserts, où les astres étaient leurs uniques guides, et dont le climat offrait une plus grande régularité, dans la marche des saisons, que celui de l'Europe.

D'après le témoignage exprès de Diodore, les Ethiopiens n'avaient point d'écriture alphabétique, mais des emblèmes; et les ruines d'Axum et de Méroë portent encore des restes d'inscriptions qui attestent cette vérité; mais de plus, le même auteur assure que ce peuple fut inventeur des caractères hiéroglyphiques. On n'ose prononcer sur cette assertion, dont on ne peut démontrer la fausseté ni la justesse. J'observerai, cependant, qu'une découverte semblable ne pouvait se faire, ni se perfectionner nulle part, plus facilement que chez une nation naturellement portée à la culture des beaux arts, et dans un Etat essentiellement fondé sur le commerce.

Il est à remarquer, selon Diodore, que la connaissance des hiéroglyphes ne fut point, en Ethiopie, un privilége exclusif de la caste sacerdotale, comme en Egypte; mais que chaque individu

H

pouvait l'acquérir ; de même qu'en Egypte, chacun avait le droit de s'instruire de l'écriture commune. Cette universalité de l'écriture ne semble-t-elle point confirmer l'emploi qu'on en faisait pour le commerce ? En effet, chez un grand peuple, il ne peut guères exister de commerce sans écriture ; et quelque insuffisante que pourrait être celle des hiéroglyphes, pour la diversité de nos relations commerciales, elle suffisait, sans doute, à la marche régulière et uniforme du commerce des caravanes.

Le point le plus énigmatique, et cependant le plus démontré, est la rapidité des progrès que les Éthiopiens firent dans l'architecture, et, en général, dans les arts. Les débris de ces monumens gigantesques existent encore plus ou moins dégradés, et seront les éternels témoins du faste de leurs créateurs.

On souhaiterait, sans doute, en avoir une description exacte, pour juger de la civilisation de l'Ethiopie, d'après cette mesure ; mais si les relations que nous avons des ruines d'Axum sont un peu satisfaisantes, ou ne connait guères que l'existence de celles de Méroë. Néanmoins, la connaissance du sol sur lequel elles se trouvent me semble propre à donner des éclaircissemens utiles.

Méroë contenait des mines d'or, d'argent, de fer, et de bronze, (métal dont on fabriquait tous les ustensiles, avant l'exploitation du fer.) Ces ouvrages doivent avoir été très-multipliés parmi les Ethiopiens ; car Diodore dit qu'un grand nombre d'emblêmes hiéroglyphiques en étaient tirés ; et une table trouvée à Axum, et dessinée par M. Bruce, semble confirmer le fait.

Soit qu'ils fussent originairement Troglodytes, ou que, du moins, ils fussent en relation continuelle avec les peuples montagnards, les Ethiopiens dûrent avoir, dès leur origine, d'autres principes d'architecture que les habitans de l'Europe. En Ethiopie, l'œil s'accoutume aux grandes masses, dont la simplicité noble

conduit naturellement à la régularité. (1)
La manière de vivre des Troglodytes,
dont la principale occupation est d'élar-
gir et de disposer le plus commodé-
ment, leurs cavernes, dut leur fournir
l'idée de travailler la pierre, et de s'attacher aux grandes formes. Mais ici, je
renvoie une seconde fois mes lecteurs
aux Catacombes de Naples, et je leur demande quels édifices aurait construit le
peuple, qui creusa ces cavernes.

Calculer ce qu'aurait pu faire ou devenir un autre peuple, dans des circonstances et des lieux différens, est un raisonnement faux et malheureusement
trop ordinaire. Le lien qui unit les sciences et les beaux arts est-il donc par-tout
aussi étroitement serré que chez nous ?
Est-il impossible que l'activité d'un peuple, dirigée par les circonstances, se con-

_____

(1) Comparez, avec ce paragraphe, les ré-
fléxions judicieuses de M. Paw, dans ses observations sur les Egyptiens, tome 2, page 43 et
suivantes.

centre sur un seul point, et produise ainsi des ouvrages qui nous paraissent inexécutables? Peut-on calculer si facilement, et si exactement, le degré de civilisation dont des Nomades sont susceptibles? Et un tel peuple, lorsqu'il est, je ne dis pas complettement, mais en partie, policé, ne doit-il pas devenir tout autre que celui dont la civilisation est basée sur l'agriculture?

Mais, malgré toutes ces nuances partielles, on est étonné de la ressemblance que tous les peuples de l'Afrique ont conservée dans leur ensemble. Les temples et les saints lieux furent toujours le but de leur commerce, comme ils le sont maintenant. C'était autour de ces obélisques que campaient les caravanes qui allaient en pélerinage au temple d'Ammon, comme celles qui, de nos jours, se rendent au *Caaba* du prophéte, à la Mecque. La main du tems a pu modifier le lien qui unissait le commerce à la religion; mais elle n'a pu le rompre.

Mais quittons les ruines d'Axum et

de Méroë. Quittons ces monumens sacrés du berceau de la civilisation. Les
fruits qu'elle produisit dans ces contrées,
se ressentirent de la nature du sol. Nous
allons les revoir transplantés dans le climat plus heureux de la féconde Egypte,
où ils acquirent plus de douceur et de
beauté.

ÉGYPTE.

Si nous étions nés et élevés sur les bords
du Nil, les antiquités Egyptiennes ne
seraient plus pour nous des énigmes dif-
ficiles à résoudre. On a tenté cette solution, souvent et de diverses manières ;
mais souvent aussi, on a commencé par
où l'on aurait dû finir. On s'imaginait
que, si on parvenait une fois à déchif-
frer ces écrits mystérieux, qui couvrent
les édifices et les monumens des Egyptiens, on trouverait bientôt la clef de tous
leurs secrets.

Mais quoique puissent contenir ces
inscriptions obscures, je suis convaincu
que leur traduction, en quelque langue
connue, serait peu fructueuse en elle-
même. Les Egyptiens écrivaient comme
Egyptiens et pour des Egyptiens. Le mystérieux de leurs monumens réside donc
moins dans les caractères particuliers

H 4

dont ils se servaient, que dans leur manière de penser et de s'exprimer. Chez eux, tout était image, tout était symbole; et ce n'est pas la chose même, mais la représentation allégorique qu'ils expriment par leur écriture. Ainsi, quand nous pourrions expliquer tous leurs hiéroglyphes, nous n'obtiendrions qu'une suite d'allégories obscures; et cette difficile question : que signifient ces images et ces symboles ? demeurerait encore sans réponse.

Manquons-nous donc de fables Egyptiennes qui soient exprimées, non par des hiéroglyphes, mais dans une langue intelligible pour nous, et avec des caractères connus ? Toute la Mythologie Egyptienne n'est-elle point une suite d'allégories semblables ? Et ces allégories ne sont-elles pas autant de fragmens de l'histoire politique de ce peuple ? Lisez les narrations de Rhampsinit ou Sésostris, et tant d'autres répandues dans Homère et dans tous les Poëtes, et demandez-vous si vous n'avez pu les comprendre. Cependant, ces relations ne sont que des hiéroglyphes traduits dans une langue intelligible, et exprimés avec des caractéres connus.

Pour comprendre les Egyptiens, il faudrait le devenir soi-méme. Tout, chez eux, est à-la-fois physique et local. Chaque idée abstraite, ils l'expriment par une figure prise dans la nature de leur pays; ensorte que quiconque ne connaît pas l'histoire naturelle de l'Egypte, et surtout les règnes animal et végétal; quiconque n'a point une idée juste de l'état physique du pays, de son sol, de ses eaux, ne doit point prétendre à expliquer les hiéroglyphes, et doit se méfier de lui-méme, si le génie des antiquités Egyptiennes ne lui a point dévoilé leur sens mystérieux.

Une description géographique et physique de ce pays entre aussi peu dans mon plan qu'une recherche historique sur l'origine de ses divers habitans. Mais sur ces deux objets, j'exposerai quelques idées indispensables à l'intelligence de ce qui suit.

L'Egypte est un très-grand pays. De la Méditerranée à Syène, (Assuan), il a cent vingt milles de long, et sa largeur n'est nulle part moindre que quarante milles ; mais il s'en faut de beaucoup que toutes les parties de ce pays ayent un sol également fertile. Si l'Egypte n'était point arrosée par le Nil, elle aurait le sort commun au reste de l'Afrique. Ce serait un désert partout sablonneux, et pierreux, en quelques endroits. La fécondité de l'Egypte se borne uniquement aux rives du Nil, et cela surtout dans la partie supérieure qui a peu ou point de pluie.

Le Nil traverse l'Égypte, du sud au nord, en ligne droite, jusqu'à *Cercasorus*, à vingt milles au dessus de son embouchure. Ce n'est que là qu'il se divise en plusieurs ramifications, qui embrassent la partie fertile de la Basse-Égypte connue sous le nom de *Delta*. Tout le monde sait que ses eaux entraînent un limon gras qui, dans les débordemens annuels, laisse une couche qui fertilise le pays, et que les meilleurs engrais ne pourraient remplacer.

Ces débordemens annuels du Nil ont toujours eu, non-seulement sur la culture, mais même sur les mœurs, sur la religion, sur les connaissances, et, en général, sur le caractère de cette nation, une telle influence, qu'il importe, pour plus d'une raison, de nous y arrêter encore un moment.

La cause de ce phénomène fut de tout tems l'objet d'une foule de recherches. Hérodote, même, cite plusieurs conjectures sur cet objet, et s'arrête à la plus raisonnable ; mais Agatharchides est le premier qui paraisse avoir touché la vérité. Les pluies continuelles auxquelles sont exposées les contrées de la Haute-Éthiopie, depuis le mois de mai jusqu'en septembre, gonflent tous les fleuves qui vont se jeter dans le Nil; ensorte qu'il devient l'unique canal pour l'écoulement de cette énorme masse d'eau. C'est à la mi-juin qu'elle arrive en Egypte, et alors le fleuve commence à monter. Sa crue a lieu, jusqu'à la fin de juillet, sans cependant causer d'inondation ; mais, au commencement d'août, le fleuve déborde et submerge les pays qui l'avoisinent, toujours en s'élevant, jusqu'à la fin de septembre. Lorsqu'à cette époque les pluies ont cessé en Éthiopie, le Nil commence à décroître ; mais si lentement, qu'à la fin d'octobre, et même en novembre, la plus grande partie de l'Égypte est encore couverte de ses eaux : ce n'est qu'au commencement de ce dernier mois que le fleuve rentre entièrement dans son lit.

Le tems des inondations se prolonge donc, depuis la mi-août, jusqu'à la fin d'octobre. Dans tout cet intervalle, la fertile Égypte ressemble à une mer sur la surface de laquelle s'élèvent une foule de villes semblables à des îles. Les anciens écrivains comparent le spectacle qu'elle présente alors à la mer Égée, où les Cyclades et les Sporades offrent, en grand, un pareil tableau.

La fécondité du pays s'étend aussi loin que les limites naturelles des inondations du Nil, ou plutôt, aussi loin que l'art pourrait les prolonger. Le sol, amolli par les eaux du fleuve, s'impreigne d'un limon gras, dans lequel il ne faut que semer, pour voir les bleds et les légumes croître si rapidement, qu'ils fournissent deux récoltes par an.

Il est aisé de sentir qu'à cause de ce seul avantage, les procédés de l'agriculture, en Egypte, diffèrent de ceux qu'exige la culture de nos terres. Les pénibles travaux des cultivateurs Européens y sont inconnus, parce qu'ils y sont inutiles. Mais, d'autre part, on y a besoin d'arrosemens; travail superflu dans nos climats pluvieux. Dès que le Nil est rentré dans son lit, le soleil a bientôt desséché la terre, et comme elle ne sera point humectée, jusqu'au débordement prochain, l'art y doit suppléer. Delà la quantité de canaux qui traversent l'É-

gypte, en tous sens, et que, dès la plus
haute antiquité, on avait su conduire,
par un travail merveilleux, jusqu'aux col-
lines sablonneuses, situées à l'occident ;
Delà les innombrables machines qu'on
employait alors, comme aujourd'hui,
pour répandre l'eau de ces canaux sur les
campagnes.

Depuis la frontière méridionale de l'E-
gypte, jusqu'au Delta, le Nil coule, sans
interruption, dans un vallon bordé, des
deux côtés, par une chaîne de montagnes écartées du fleuve, dans une distance
plus ou moins grande, mais dont le terme
moyen est de deux à trois milles. Cette
vallée du Nil est la partie la plus fertile
de l'Egypte. C'était jadis le lit du fleuve,
que plusieurs circonstances, et surtout
l'art, ont rétréci. Ce fut là que se formèrent les premiers États Egyptiens ; on y
vit s'élever peu-à-peu une foule de villes,
de temples et de monumens qui cou-
vrirent les deux rives du Nil.

Au lieu où ce vallon se termine, le
fleuve se divise et étend ses ramifications

sur la partie fertile de la basse Egypte,
connue, comme je l'ai dit, sous le nom
de *Delta*. Les naturalistes même de l'antiquité ont avec raison attribué la formation du Delta au Nil qui, élevant le sol par
le limon qu'il entraîne avec lui, et ayant
insensiblement créé une terre, là où il
n'y avait que de l'eau, s'y est conservé
plusieurs issues, que la nature et l'art
ont modifiées dans la suite.

Cette vaste plaine et la vallée du Nil,
dont je viens de parler, sont les seules
portions de l'Egypte propres à l'agriculture, et elles forment à peine la quatrième partie de la surface du pays.

A l'ouest, le sol sablonneux et infer-
tile se termine bientôt en un désert de
sables, ou l'on trouve, cependant, comme
dans l'intérieur de l'Afrique, quelques
portions de terres fertiles, connues sous
le nom d'*Oases*. J'ai parlé, dans un autre
lieu, de ces îles fortunées, disséminées au
milieu de vastes mers de sables. Les géographes anciens réunissent cette partie de
l'Egypte à la Libye; et, en effet, on ne

peut fixer de frontières ni politique ni physique, dans de semblables déserts.

La partie orientale du pays, située entre la vallée du Nil et le Golfe Arabique est d'une tout autre nature. C'est un pays de montagnes et de pierres, aussi peu propre à l'agriculture que l'autre, mais qui fournit en plusieurs endroits de beaux pâturages. Des marbres de toutes couleurs, du granit, du porphyre, forment la base élémentaire de ces montagnes; magasin inépuisable pour les immenses monumens d'architecture des anciens Egyptiens, et où l'on trouve encore aujourd'hui les formes des obélisques de granit qu'ils taillaient dans ces rochers.

Si ces courtes observations sur l'état physique du sol, suffisent pour atténuer l'opinion fausse que l'Egypte est également fertile dans toutes ses parties, elles ne serviront pas moins à rectifier nos idées sur les habitans de ce pays. Quelles que puissent avoir été ses révolutions politiques et morales, la nature des choses s'opposait à ce que les habitans de ces

montagnes incultes se civilisassent au
même degré que ceux des rives du Nil.
Aussi demeurèrent ils barbares, tant sous
les Pharaons que sous les Ptolémées. Ce
fut envain pour eux que Thèbes, Memphis et Alexandrie devinrent le siège des
sciences et des arts. La nature les avait
destinés à vivre pasteurs et Troglodytes,
et il leur fut impossible de démentir cette
destination, tant qu'ils ne voulurent point
abandonner pour jamais leur pays natal.
Ce fut aussi le sort d'une foule de peuplades de la Basse-Egypte. Quelque fertile que fut cette partie du pays, il se
trouve le long des côtes de grandes plaines
marécageuses très-propres à nourrir de
nombreux troupeaux, mais dont la disposition physique arrêta toujours les progrès de l'agriculture.

On a déjà tant dit sur l'origine des E-
gyptiens, que je ne trouve presque rien
à ajouter aux conjectures qu'elle a four-
nies. La question deviendrait plus intéressante, ce me semble, si l'on répon-
dait, d'abord à celle-ci, savoir : si les

habitans civilisés de l'Égypte se policè-
rent dans le pays même, ou s'ils y arri-
vèrent déjà civilisés ? Car si l'Egypte a été
originairement peuplée de barbares, qui
s'y soient peu-à-peu civilisés , je ne vois
point en quoi il nous importerait beaucoup de savoir d'où sont venus ces barbares. En supposant qu'il soit prouvé qu'ils
vinrent d'Arabie, ou d'Ethiopie ; qu'ils
appartenaient aux Cussites , ou aux Sé-
mites , qu'y gagnerions-nous ? Il fut un
tems où l'on fondait toutes les recherches
historiques sur l'origine des peuples, où
l'on donnait à l'Allemand , comme au
Chinois , un des fils de Noë pour premier
père ; où c'était une question importante
de savoir si l'on descendait de Cham ou
de Japhet ; mais ce tems est passé, et le
livre de l'histoire ne sera pas moins complet, pour n'avoir point en frontispice un
arbre généalogique, remontant jusqu'à
Noë , et couvert de noms tronqués.

Les recherches suivantes résoudront la
question de la civilisation en Egypte , en
tant qu'elle se lie à mon sujet. Quant

à celle qui concerne l'origine des Egyptiens, il me suffira d'observer ce qui suit.

Il est vraisemblable que l'Egypte a tiré ses premiers habitans de l'Ethiopie. Les montagnes se prolongent, à l'orient du Nil, depuis l'Egypte jusqu'à l'embouchure de la mer Rouge ; et il ne paraît pas qu'il existât d'autre différence entre les habitans de ces montagnes, qui depuis occupèrent la vallée du Nil, que celle que le climat devait produire. Les formes des anciens Egyptiens étaient celles de nègres un peu blanchis par l'effet du climat. Hérodote dit qu'ils avaient les cheveux crépus, et la peau brune ; et leurs plus anciennes sculptures portent des traces sensibles du profil nègre. Tel est, à mon avis, tout ce que l'on peut dire de vraisemblable sur les premiers habitans de l'Egypte ; et je doute que les plus soigneuses recherches mènent à de plus sûrs éclaircissemens.

Cependant, qu'on se garde bien de croire que le premier peuple qui habita l'Egypte, demeura toujours sans mé-

lange. Il est, au contraire, peu de nations dont l'histoire offre des traces plus
nombreuses et plus sensibles de migrations étrangères. L'Egypte était et demeura entourée, de toutes parts, de
Nomades; ils faisaient même une partie
de sa population. Cet état des choses
rendait indispensables, de la part de ces
peuples errans, des incursions ou excursions, forcées ou volontaires. L'histoire
d'Egypte est pleine d'évènemens semblables. Des Ethiopiens, des Phéniciens,
des Arabes, des Grecs même, y trans-
portèrent souvent leurs demeures, et,
plus d'une fois, ils se rendirent maîtres
du pays. Chacun sait que les Israélites
vécurent assez long-tems en Egypte.

Nous n'avons point de liste chronologi-
que de ces émigrations, et peut-être nous
serait elle d'un très-faible secours; mais
il était indispensable de faire précéder
de ces idées générales sur la population
et l'état physique de l'Egypte, ce que
nous avons à dire sur l'état ancien de ce
pays.

Son histoire, avant le règne d'Alexandre, se divise en deux périodes, dans chacune desquelles, et le peuple et le pays changèrent de forme. La première embrasse les tems fabuleux, et s'étend jusqu'à la souveraineté de *Psammétique*, qui monta sur le trône, l'an 670 avant Jésus-Christ. A cette époque, on vit plusieurs Etats fleurir, presque sans interruption, dans les diverses parties de l'Egypte. La seconde période, qui s'étend, depuis Psammétique, jusqu'à la *conquête d'Alexandre*, comprend l'histoire des derniers Pharaons et de la domination des Perses. Nous examinerons l'état ancien de l'Egypte, dans chacune de ces périodes, sous le point de vue adopté pour ces recherches.

CHAPITRE PREMIER.

L'ÉGYPTE AVANT PSAMMÉTIQUE (1).

1. De la forme et de la Constitution des premiers États Égyptiens.

LONG-TEMS on a cru que l'Egypte, dès son origine, formait un grand Empire qui, pendant une longue suite de siècles, s'était conservé sans aucun changement, ou, du moins, sans partage. La manière dont plusieurs écrivains anciens, du reste très-dignes de foi, ont parlé de l'Egypte, semblait justifier cette opinion ; et quoique les fragmens de Manethon, qui contiennent la liste des princes Egyptiens,

---

(1) C'est-à-dire, jusqu'à l'an 670 avant Jésus-Christ, époque à laquelle Psammétique s'empara de la souveraineté de l'Egypte : conséquemment un peu avant la mort de Numa, à Rome, et environ 120 ans avant Cyrus.

dans les différens Etats de ce pays, semblassent la contredire, on aimait mieux déclarer ces fragmens controuvés, que d'abandonner le préjugé ordinaire.

Ces fausses idées n'ont plus besoin d'être combattues. Les recherches des historiens modernes ont mis hors de doute que l'Egypte, aux premiers âges, renfermait plusieurs Etats contemporains, (1) qui se réunirent, à différentes époques, pour ne former qu'un grand Empire. Il ne faut point oublier qu'il s'agit ici d'une période de quinze siècles, au moins, dans laquelle l'Egypte eut ses propres rois, jusqu'à l'invasion des Perses. Et quelle foule de changemens ne dûrent pas s'opérer dans cet intervalle ! Combien d'Empires formés et détruits, dont

____

(1) Voy. les ouvrages élémentaires de M. *Gatterer*. Les développemens qu'il a donnés à ses idées, suffiraient pour lui obtenir la première place parmi ceux qui ont fait des recherches dans les antiquités Égyptiennes, si d'autres services aussi importans ne la lui avaient point acquise.

l'histoire n'a pas même conservé les noms !

Les fragmens de Manethon, déjà cités, et dont l'authenticité est aujourd'hui reconnue, ne contiennent, il est vrai, qu'une nomenclature de rois ; mais ils sont, néanmoins, de la plus grande importance pour les antiquités Egyptiennes ; car, outre qu'ils rectifient nos idées, ils désignent les villes dans lesquelles siégeaient ces rois ; et conséquemment, les places qu'occupaient leurs Etats. C'est sur ces idées principales qu'il faut fonder ses recherches sur un peuple, dont la constitution et l'existence entière dépendaient des localités. Manethon et les autres écrivains s'accordent à dire que les Etats le plus anciennement fondés en Egypte, se trouvaient réunis dans la vallée du Nil, sur les deux rives du fleuve ; et la nature des choses le voulait ainsi ; car le terrein qui comprend actuellement la Basse-Egypte, ou le Delta, se forma plus tard. Les Etats cités par Manethon sont, à partir de la frontière Méridionale de l'Egypte, ceux d'*E-léphantine*, de *Thèbes*, ou Diospolis, celui de *This*, nommé, depuis, Abydus, et ceux d'*Héracléopolis* et de *Memphis*, situés non loin du lieu où le Nil se divise. Ce n'est que dans la dernière partie de ses dynasties, ou royaumes, qu'il parle des Etats situés dans la Basse-Egypte, savoir : *Tanis*, *Bubastus*, *Mendes*, *Sebennytus* et *Saïs*.

Il ne paraît pas que ces Etats aient duré sans interruption. Il y a de fréquentes lacunes dans la liste de leurs rois. Des révolutions, que nous ne connaissons pas, les anéantissaient momentanément, jusqu'à ce qu'ils se relevassent, dans des circonstances plus heureuses (1); et quelque mal instruits que nous soyons de ces révolutions partielles, nous ne devons point en être surpris, si nous nous rappellons que la vallée étroite du Nil et le Delta, où ces empires étaient situés,

---

(1) Voyez l'Annexe, à la fin du volume.

étaient, de toute part, entourés de peuples Nomades, dont les incursions et les guerres dûrent occasionner, et occasionnèrent, en effet, des changemens dans leur constitution.

Il n'entre pas dans le plan de mes recherches de donner une chronologie exacte de la succession, de l'interruption et de la renaissance de ces Empires. Tout ce qu'on peut dire de vraisemblable sur ce point est dit, depuis long-tems. J'ajouterai seulement qu'il paraît certain que *Thèbes* et *Memphis* furent les plus étendus, les plus puissans et les plus durables.

Comment se formèrent ces premiers empires Egyptiens ? Quelle fut leur origine ? Quelle était leur constitution ? Telles sont les premières questions auxquelles je vais répondre.

Il est facile de voir que ces questions sont, pour ainsi dire, l'anneau auquel il faut attacher le fil qui nous conduira hors du labyrinthe des antiquités Egyptiennes. Il est essentiel de savoir de quel point l'on est parti, pour juger du chemin qu'on a fait, et de la direction qu'on a suivie. Il suffit d'être superficiellement instruit de ces antiquités, pour observer que, quelque heureuses qu'aient été les tentatives faites pour en éclaircir les parties isolées, il nous manque encore les idées générale qui pourraient nous faire découvrir les rapports du tout avec ces parties(1). Ces idées, on ne les puisera point dans des recherches sur le systéme religieux ou scientifique des Egyptiens, aussi long-tems qu'on ne sera pas préalablement instruit de la liaison dans laquelle la reli-

____

(1) Depuis que l'esprit pénétrant de M. *Gatterer* a si heureusement développé un systéme religieux, fondé sur l'astronomie, n'a-t-on pas été tenté de croire que toute la mythologie Égyptienne était astronomique? C'est ainsi que les tentatives les plus heureuses et les plus habiles, sur des points partiels, peuvent entraîner dans de fausses opinions sur l'ensemble. Nos connaissances sur les antiquités Égyptiennes en sont à-peu-près au point où se trouvait chez nous, il y a vingt ans, l'étude de la mythologie Grecque.

gion et les sciences étaient avec le sys=
téme social , c'est-à-dire , avec la fondation et la constitution des Etats.

Si, donc, on veut acquérir ces idées
préliminaires , il ne faut les chercher
nulle part ailleurs que dans l'établissement et la forme intérieure des anciens
gouvernemens de l'Egypte. Si le défaut
de renseignemens rendait ces recherches
infructueuses , ou si elles ne suffisaient
pas à expliquer le systéme religieux et
scientifique de ces peuples , il faudrait
abandonner tout espoir de parvenir jamais
à quelque certitude sur ces objets , puisque considérés indépendamment de leurs
rapports avec le systéme social , ils sont
susceptibles d'une foule d'explications qui
trouvent toutes des partisans , parce qu'en
effet, chacune contient quelque vérité ;
mais dont on ne peut former une masse
de lumière suffisante pour nous éclairer.
Telles sont les raisons qui me font croire
que des idées plus exactes sur l'établissement et la forme des premiers Etats
Egyptiens , doivent servir de base à

nos recherches sur les antiquités de ce pays.

Nos premières recherches sur l'Ethiopie et Méroë nous donnent déjà de grandes lumières sur l'objet que nous allons traiter. En remontant jusqu'à l'origine des États, et principalement à celle des États théocratiques de l'Afrique intérieure, nous les avons trouvés encore barbares ; mais nous avons apperçu des germes qui n'attendaient, pour se développer, qu'un sol plus favorable.

On ne peut raisonnablement douter que les mêmes idées ne soient applicables à l'Égypte, et que ce pays ne soit parvenu, par les mêmes voies, à des résultats à peu près semblables. L'instruction populaire tant morale que politique, n'y dépendait-elle point également d'une caste sacerdotale ? et, malgré toutes les révolutions que ce pays a éprouvées, n'apperçoit on pas les traces de cette ancienne influence des prêtres sur l'instruction publique ? Je dis plus, l'Egypte, à l'époque de sa plus haute civilisation, n'était-elle point, sous tous les rapports, un État théocratique, dans lequel tous les germes qui n'auraient pu réussir, dans un sol moins heureux, s'étaient parfaitement développés par le concours d'une foule de circonstances favorables?

La suite de ces recherches peut seule déterminer exactement la nature et le degré d'influence que la caste sacerdotale eut sur l'organisation des Etats de l'Egypte. Qu'on me permette de faire précéder ces recherches d'une observation sur l'origine de cette caste.

Je crois avoir démontré, en parlant de l'Ethiopie, qu'il est trés-vraisemblable que la caste sacerdotale de l'Egypte était originairement Ethiopienne, et que ce fut au développement du commerce que la colonie de Thèbes dut sa fondation. J'ai appuyé cette opinion tant sur les témoignages de l'antiquité, que sur la ressemblance du culte, dans ces deux pays.

Mais je ne pense pas qu'il soit nécessaire d'observer que cette idee ne doit point porter à croire que toute la doctrine

Egyptienne fût d'origine Ethiopienne. On peut évaluer, d'après ce qui a été dit plus haut, le degré d'instruction que les prêtres d'Ammon et de Bacchus pûrent transporter de Méroë en Egypte. Ce ne fut guères que le culte qu'ils y portèrent; car, pour utiliser leurs autres connaissances, en Egypte, ils dûrent leur donner une forme toute nouvelle. La question de l'origine de cette caste n'est donc pas d'une grande importance pour la suite de ces recherches. Les sciences fleurirent long-tems en E-gypte, quoique le germe y fût transporté de pays étrangers. Aucun peuple ne conserva si bien que ce dernier, dans sa doctrine, l'empreinte des localités; et ces mêmes localités furent cause que l'instruction produisit, en Egypte, des résultats différens de ceux qu'elle pouvait produire en Ethiopie.

Dans ce dernier pays, le climat et le sol imposaient aux sciences, des limites naturelles, qu'il leur était impossible d'outre-passer. Quelle que fut la manière dont se forma l'État de Méroë, il demeura Nomade, à cause de sa trop grande étendue ; car le sol y permettait à peine l'agriculture. Les relations commerciales y furent la seule cause de la civilisation.

Il en était autrement de l'Égypte. A quel point le germe de la civilisation ne dût-il pas s'y développer ! et que de progrès ne fit-elle pas, dans un pays où l'agriculture était son principal mobile !

Au dire des Égyptiens même, leur pays fut originairement habité par des sauvages Nomades qui, sans agriculture, sans lois, vivaient de poissons et des fruits de la terre. L'état postérieur de l'Égypte prouve la vérité de cette tradition ; car une grande partie du pays ne cessa d'être occupée par des Nomades. Il n'y exista jamais de civilisation que sur les terres que l'art déroba aux eaux du Nil.

Le premier objet des prêtres et des législateurs de l'Égypte , fut donc d'inspirer à ces peuples Nomades, le goût de l'agriculture ; et ce principe, on le retrouve par tout, dans leurs institutions, leur religion et leur mythologie. Sans

doute, ils s'apperçurent bientôt que ce
n'était que par cette voie qu'ils pouvaient
parvenir à une domination durable; et
dès-lors, ils ne négligèrent aucun moyen
religieux ou politique, d'imprimer aussi
profondément qu'il leur fût possible, dans
l'esprit du peuple, le goût de l'agriculture.

Il n'y avait peut-être pas une seule divinité Egyptienne dont le culte ne fût
relatif à cet objet. Le Soleil, la Lune,
la Terre, le Nil, et tant d'autres parties
de la Nature que les Égyptiens adoraient,
sous des emblêmes si variées, n'étaient
adorées, qu'autant qu'elles pouvaient influer sur la végétation et sur la fécondité
des campagnes. Osiris est le symbole du
Nil, lorsqu'il se déborde pour engraisser
les terres. C'est aussi l'emblême du Soleil,
en tant qu'il ramène tous les ans la fertilité. Isis représente la Terre. Je pourrais
nommer ici une foule de symboles pareils;
mais leur explication s'écarte du cercle
que je me suis prescrit.

Ce principe ne se montre pas moins

clairement dans les idées populaires des Égyptiens, sur les objets politiques. On avait inspiré à la nation un profond mépris pour la vie pastorale ; mépris qui se développa dans toute sa force, dès le siècle de Jacob (1), et se perpétua, dans le même degré, jusqu'au tems d'Hérodote (2).

On regardait les pasteurs, comme des hommes impurs ; on ne formait aucune alliance avec eux. Ils étaient obligés de vivre toujours séparés du reste des Egyptiens ; enfin, ils étaient presque autant méprisés, que le sont actuellement les castes inférieures dans l'Indostan ; et cette politique des législateurs Egyptiens était naturelle, et en quelque sorte nécessaire, s'ils voulaient demeurer fidèles à leurs principes.

L'histoire des Egyptiens offre aussi de fréquentes traces de cette marche con-

____

(1) Voyez la Genèse, chap. 46 ; v. 34, que l'on peut confronter avec le chap. 43, v. 32.

(2) Hérodote, Liv. II, p. 47.

séquente. Il ne faut que se rappeller ce
qui arriva aux Israélites, en Egypte. Ils
n'y étaient venus que par une faveur
particulière; et ce ne fut pas sans peine
qu'on leur permit d'y vivre comme Nomades. Mais dès les premiers changemens
survenus dans le gouvernement du pays,
comme on voulut leur retirer cette permission, et les contraindre à se bâtir des
villes, leur répugnance à cette nouvelle
façon de vivre les détermina à quitter
l'Egypte.

Le premier but que se proposèrent les
fondateurs des Etats Egyptiens, fut donc
de propager l'agriculture, et d'accoutumer les Nomades à une vie sédentaire.
Heureusement, la Nature y avait disposé
ce pays, plus qu'aucun autre partie du
globe. Le passage de la vie errante, à
l'agriculture, (quelque difficile qu'il paraisse,) ne s'opéra nulle part plus facilement qu'en Egypte, où les travaux de la
campagne n'exigeaient presque aucune
peine, et où l'on n'avait besoin que de

semer pour recueillir. C'etait aussi le fondement le plus solide qu'ils pussent choisir pour établir leur édifice politique, dont nous allons examiner la former.

Toute la politique Egyptienne s'appuyait sur deux dispositions principales, les seules qui embrassassent la totalité de l'Empire : je veux parler de la division du peuple en *Castes*, et de celle du pays en *Nomes*.

Tant qu'on ne jetera point de jour sur ces deux institutions, il sera impossible de faire un seul pas assuré dans la connaissance politique des antiquités de l'Egypte. Si, au contraire, nous réussissions à acquérir des idées plus précises sur cet objet, nous pourrions espérer, avec quelque raison, de juger sainement de la nature, et de la constitution des Etats Egyptiens.

Les précédentes recherches sur l'Ethiopie, doivent avoir déjà donné au lecteur de plus justes idées sur *l'origine des Cas-*

tes (1). Elles l'ont accoutumé à considérer la caste sacerdotale comme une espèce particulière de peuple. On a vu que l'Etat de Méroë était formé par la réunion d'un nombre de castes, de mœurs différentes, et dont le lien était un certain culte. On y a apperçu dans leur enfance les mémes institutions, que nous retrouvons perfectionnées en Egypte. Il suffit de jeter quelques regards sur l'état des premiers Egyptiens pour expliquer de la même manière, l'origine des castes chez eux. D'après leur propres témoignages, leur pays fut originairement peuplé de castes

---

(1) M. *Meiners* est, autant que je sache, le premier écrivain qui ait émis une opinion raisonnable sur les *castes*, dans son traité *de causis ordinum, sive castarum, apud veteres Egyptios et Indos*, insérée dans les commentaires de la société de Gottingue, vol. X, pag. 184 et suivantes. Quoique les motifs sur lesquelles je fonde la même opinion diffèrent des siens, j'espère que cette diversité de bases ne pourra que donner plus de solidité à cette solution si importante pour les antiquités de l'Egypte et de l'Inde.

sauvages qui vivaient de la pêche et de leurs troupeaux ; et ces castes , en formant entre elles un lien politique fondé sur la communauté du culte et des usages , devinrent les parties élémentaires des Etats Egyptiens. Cette diversité de mœurs loin de disparaître , en raison de l'agrandissement des Etats , ne cessa d'exister d'une manière plus frappante , et cette singularité s'explique , d'une part , par la disposition physique du pays , et de l'autre , par la politique habile de la caste sacerdotale , dont ces distinctions morales consolidaient la puissance ; je m'explique.

Plusieurs parties de l'Égypte sont aptes à telle ou telle manière de vivre , et inaptes à toute autre. Les habitans des montagnes sont contraints à vivre pasteurs ; de même que ceux des parties basses du Delta. Il leur est impossible de devenir agriculteurs , puisque leur sol ne peut produire du bled. Ceux , au contraire , qui avoisinaient le Nil , demeurèrent pêcheurs ou marins , parce que la nature de leur pays rendait ces deux occupations plus lucratives pour eux, qu'aucune autre.

Mais la politique de la caste sacerdotale s'efforça, sans doute, de marquer encore davantage les différences fondées sur les localités, et cela pour plus d'une raison facile à deviner.

1°. Plus on s'attacha au principe d'exciter les peuples Nomades à contracter les habitudes sédentaires, plus il fallut tirer une ligne de séparation, entre les cultivateurs et les pasteurs ; et plus on s'efforça d'imprimer dans le caractère de la nation du mépris pour la vie pastorale, plus on dût marquer cette distinction.

2°. Le besoin et les circonstances contribuèrent à former les castes mitoyennes, telles que celle des interprètes, qui ne se forma que très-tard, et par des causes accidentelles, et celles des guerriers et des marins, dont la création, fort antérieure à celle de la première, fut sans doute le résultat d'événemens politiques. L'examen particulier, que je ferai de

chacune de ces castes, achèvera d'en ex‑
pliquer l'organisation.

3°. Quoique je sois fort éloigné de re‑
garder cette division comme un chef‑
d'œuvre, en politique, à l'exemple d'un
célèbre écrivain, (1) elle me paraît la
plus simple et la plus raisonnable pour un
Empire naissant, et sur-tout pour les
circonstances dans lesquelles se formè‑
rent les Etats de l'Egypte; la plus sim‑
ple, parce que l'absence du luxe, et la
simplicité des mœurs limitent le travail,
et par conséquent, le nombre des castes;
la plus raisonnable, parce qu'elle est la
plus propre à accélérer l'organisation, et
la police d'un Etat, dans son enfance.

Si ces observations ont jeté quelque
jour sur la formation des castes Egyp‑
tiennes, j'ose espérer que mes lecteurs
abandonneront les préjugés surannés
qu'on apporte trop souvent à l'examen
de pareils objets. Ces castes n'é‑

––––––––––

(1) Voyez le supplément aux recherches sur
l'Inde ancienne, de M. *Roberston.*

taient rien moins que ce que nous nommons *communautés*, ou *corps de métiers*; (1) c'était des portions de peuple, appelées, d'abord, par la nature de leur pays, et ensuite, par des causes politiques, à telle ou telle manière de vivre. La division en castes ne s'opéra point après la fondation des divers Etats de l'Egypte ; mais le principe en existait dans la manière dont ces Etats se formèrent. Il ne s'agissait plus que d'imposer aux castes, des limites exactes.

Je crois également être fondé à douter qu'à l'époque reculée où l'Egypte comprenait une foule de petits Etats, la division en castes fût uniformément répartie sur tout le pays. Les localités, et l'étendue de ces Etats s'opposaient à cette disposition ; et, par exemple, il n'est pas vraisemblable que le petit Etat d'Eléphantine eût aussi sa caste militaire. Ce

____

(1) Ce passage peut aussi démontrer l'ignorance des écrivains modernes, qui nomment *castes*, les ordres privilégiés, en Europe.

ne fut guères que lorsque l'Egypte ne forma qu'un grand Empire, que cette division put y devenir générale. Mais nos renseignemens ne remontent pas au-delà de cette dernière époque, et, malheureusement, ils se contredisent souvent.

Quelque péremptoires que soient ces preuves, mes lecteurs voudront peut-être les voir confirmées par le témoignage positif de quelque auteur ancien. Nous n'en manquons point. Notre guide ordinaire, Hérodote, s'est expliqué avec tant de précision et de clarté sur ce point, qu'il faudrait presque s'étonner qu'il ait pu exister deux manières de l'envisager. « Les Egyptiens, dit-il, sont divisés en sept castes, (1) savoir : celle des prêtres, celle des bouviers, celle des porchers, celle des

---

(1) *Genea* est l'expression dont il se sert toujours pour désigner les différentes castes d'une nation. Hérodote est en général si précis qu'il aurait sans doute choisi une autre expression, s'il avait voulu exprimer une idée différente.

gens de métier, (*Kapeloi*,) celle des interprètes, et celle des marins. Tel est le nombre des castes de l'Egypte. Elles ont été nommées d'après le genre de leurs occupations. » Hérodote pouvait-il s'exprimer avec plus de précision et de clarté ? Ne semble-t-il point avoir appuyé sur les derniers mots, pour qu'on ne s'attachât point aux mots même, mais à l'idée qu'ils représentent ?

Je crois, maintenant, avoir suffisamment préparé le lecteur à l'examen que je vais faire des castes Egyptiennes citées par Hérodote, et par Diodore. J'espère parvenir à éclaircir plus d'un point de ces recherches.

Hérodote compte et nomme, comme on l'a vu, sept castes ; mais Diodore ne s'accorde avec lui ni sur leurs noms ni sur leur nombre. Après celles des prêtres et des soldats, il n'en cite que trois, celles des cultivateurs, des ouvriers et des pasteurs. Il ne connaissait donc que cinq castes.

S'il était nécessaire d'opter entre l'un

et l'autre écrivain, le choix serait peu difficile. Quand même Hérodote ne serait pas à la fois, plus ancien, plus judicieux et plus profond que Diodore, il mériterait encore la préférence par cette seule raison que ses rapports sont, pour ainsi dire, *plus Égyptiens*. On reconnaît l'empreinte Européenne à la manière dont Diodore classifie les castes. C'est ainsi qu'on les distinguerait dans un Etat ecclésiastique d'Italie ou d'Allemagne ; mais cette manière ne convient nullement à l'Egypte. Cependant la suite de ces recherches nous conduira, peut-être, à quelques observations susceptibles de justifier Diodore, et d'expliquer cette espèce de contradiction. Je croirai avoir beaucoup gagné, si je réussis à faire connaître exactement l'état intérieur de ces castes et surtout l'organisation des principales d'entre elles.

Ce qui gêne le plus dans les recherches sur la *caste sacerdotale*, c'est que les écrivains au témoignage desquels il faut nous référer, vivaient dans un siècle où elle avait déjà éprouvé des changemens considérables et essentiels. Chaque révolution politique devait réagir sur cette caste, ou plutôt agir directement et principalement sur elle ; et aucune ne lui fut plus sensible que celle par laquelle Psammetique s'empara de la souveraineté, avec le secours de troupes étrangères. L'influence politique des prêtres dut être sinon anéantie, du moins extrêmement atténuée par cette révolution. Le changement qu'elle opéra dans le caractère national des Egyptiens, ou du moins dans la politique du gouvernement, les amena vraisemblablement peu-à-peu, et sans secousse violente, à l'état dans lequel ils se trouvaient, dès le siècle d'Hérodote, époque à laquelle il ne leur restait plus que les titres de leur ancienne puissance.

Mais l'invasion des Perses porta un coup encore plus dangereux aux prêtres. Ces conquérans étrangers étaient les ennemis naturels de la caste dominante ; et l'on est étonné de voir qu'elle ne fut point

entièrement renversée par les chocs fré-
quens qu'elle eut à soutenir.

Hérodote et les écrivains dont Diodore
emprunta ses renseignemens, ne virent
donc que l'ombre de cette ancienne domination des prêtres. Cependant, il en
restait encore des traces très-remarqua-
bles; et, en rassemblant tout ce que ces
auteurs en disent, on peut en déduire
des résultats certains sur le premier état
de la classe sacerdotale.

La manière même dont se formèrent
les Etats que contenait l'Egypte, exigeait
que les ramifications de cette caste se
répandissent sur le pays. Il paraît qu'elle
se multiplia dans toutes les villes. Mais
ses chef-lieux principaux étaient Memphis, Thèbes, Héliopolis et Saïs, anciennes capitales des Empires Egyptiens.
C'était aussi dans ces villes que se trouvaient les *temples métropolitains*, si fréquemment cités dans les rapports d'Hérodote et des autres écrivains (1).

----

(1) Les preuves de ce qui va suivre se trouvent

Chaque prêtre Egyptien devait être
attaché au service de quelque dieu, c'est-
à-dire, qu'il devait appartenir à quelque
temple. Le nombre des prêtres affectés
au culte de tel ou tel dieu, n'était jamais
déterminé. Il ne pouvait l'être, d'après l'ensemble de l'institution; car l'état sacerdotal
était héréditaire dans les familles, et celles-
ci étaient tantôt plus, tantôt moins nombreuses. En Egypte, cette hérédité s'observait non seulement pour la caste sacerdotale, proprement dite, mais même pour
les prêtres attachés au service des divinités particulières. Les fils des prêtres de
Vulcain, à Memphis, pouvaient aussi peu
entrer dans le collège des prêtres d'Héliopolis, que les fils de ces derniers
étaient reçus dans celui de Memphis.

Quelque singulière que nous paraisse

____

dans Hérodote, liv. II, p. 36, 37, 42, que l'on
peut confronter avec Diodore, pag. 36. Ce qui
demeurerait encore équivoque, sera plus éclairci
par les recherches que je ferai sur les *Nomes*
Egyptiens.

cette institution, elle n'avait rien que de très-naturel. Chaque temple possédait de grandes propriétés territoriales, dont les revenus appartenaient au prêtre, dont les ancêtres avaient fondé ce temple, défriché ces terres et soumis les peuplades voisines. C'était donc un droit de succession naturel, d'autant moins susceptible d'être aliéné, qu'il ne s'appliquait pas seulement aux revenus, mais même aux domaines de chaque colonie sacerdotale.

Le Clergé affecté à chacun de ces Temples, étoit, en outre, assujetti à une sous-organisation intérieure. Il avait un *Pontife*, dont l'office était également héréditaire. Quant à la subdivision du reste des prêtres, elle se réglait d'après leurs différentes fonctions.

Il est inutile de dire que les places des pontifes qui résidaient dans les capitales, étaient les plus importantes. C'était, en quelque sorte, des princes héréditaires qui tenaient leur rang à côté des rois, et jouissaient presque des mêmes prérogatives que ces derniers.

Il y eut à-la-fois des pontifes et des rois, à Memphis et à Thèbes, aussi long-tems que ces États jouirent d'une indé_pendance complète. Le titre pontifes était *Piromis*, qui signifie, selon Héro-dote, le *noble* et *bon*; (*kalos kai aga-tos.*) (1). Leurs statues étaient placées dans les temples, à l'instar de celles des rois. L'histoire les représente par tout, comme les premiers personnages de l'État. Ils jouissaient de cette distinction, dès e siècle de Moyse. Lorsque Joseph fut élevé aux dignités, en Égypte, obligé de s'al-lier, par un mariage, à la caste sacer-dotale, il épousa la fille du pontife d'*On* ou *Héliopolis.* (2)

L'organisation de la classe inférieure des prêtres différait, sans doute, dans les diverses villes de l'Égypte, selon l'exigence des localités. Ce n'était pas seulement parce qu'ils occupaient toutes les grandes charges de l'État qu'ils domi-

____

(1) Hérodote, liv. II, p. 143.
(2) Genèse, chap. XLI, v. 45.

L

naient ; mais , c'était surtout, parce qu'ils avaient la possession exclusive des connaissances scientifiques , qui , basées sur l'état physique du pays , avaient nécessairement une influence immédiate sur les besoins du peuple. Que l'on cesse donc de croire que les fonctions sacerdotales fussent les seules que les prêtres exerçassent , ou même qu'elles fussent leur occupation la plus habituelle ; cette idée n'est dérivée que de la dénomination de *prêtres* , faussement appliquée à ceux-ci. Ils étaient à-la fois juges , médecins , interprètes , architectes ; en un mot , ils exerçaient tous les arts qui exigeaient quelques connaissances scientifiques.

Toute l'histoire de l'Égypte démontre que chacune des grandes villes de ce pays posséda , originairement, un de ces temples métropolitains ; que ces temples ne cessèrent d'exister , dans la suite, et que les dieux qu'on y adorait , furent de tout tems considérés comme les protecteurs du lieu. Les Grecs nomment toujours les prêtres de Thèbes, prêtres de Jupiter Thé-

béen; ceux de Saïs, prêtres de Minerve ;
ceux d'Héliopolis, prêtres du Soleil, etc.

Ces métropoles furent les plus anciennes fondations sacerdotales ; elles
servaient de point central à la puissance
de l'Etat. Il est inutile d'ajouter qu'il
demeura libre au clergé de fonder, selon
les circonstances, de nouveaux temples
aux autres divinités , à mesure que le
culte se propagea dans ces contrées.

Maintenant il nous sera plus facile de
répondre à une question non moins importante ; celle des revenus des prêtres
Égyptiens. Long-tems on s'est imaginé
qu'ils étaient soldés par le Roi , ou par
l'État ; opinion embrassée par les écrivains qui se sont le plus récriés contre la
fausseté des conjectures élevées sur cette
caste singulière.

Il suit naturellement de ce que j'ai dit,
jusqu'ici , sur l'établissement de ces Prêtres , qu'ils étaient les principaux propriétaires des terres enclavées dans l'enceinte de leur territoire. Il ne faut donc
point nous étonner qu'Hérodote les con-

sidère comme les plus riches propriétaires
de l'Égypte ; privilége que, selon Diodore, ils ne partageaient qu'avec les Rois et
la caste militaire, (toutefois avec certaines
restrictions) ; mais il est invraisemblable
et historiquement faux, que cette institution fût complètement, également et
perpétuellement établie, dans tous les
États de l'Égypte ; invraisemblable, parce
qu'il est difficile de croire que, l'État
s'agrandissant, la classe sacerdotale ait
pu conserver le privilége de propriété
dans toute sa latitude ; historiquement
faux, parce que l'on voit que, dès le siècle
de Joseph, il se trouvait dans l'État Égyptien dont on lui donna le gouvernement,
d'autres propriétaires, qui abandonnèrent
leurs terres au Roi, pour en obtenir du
bled, lors de la disette qui eut lieu en
Égypte (1).

____

(1) Genèse, chap. 47, v. 18, 26. Ce passage
important fournit un exemple de la puissance des
Prêtres, et de l'extension du pouvoir des Rois,
dans les États Égyptiens.

Quels que soient les changemens sur-venus dans cette partie, il n'en demeure pas moins constant que la plus grande et la plus belle portion des terres était au pouvoir des prêtres. Voici les détails qu'en donnent Hérodote et Diodore.

Chaque temple, ou chaque fondation sacerdotale, possédait de grands fonds de terre qui étaient le domaine primordial, et conséquemment la propriété commune de tous les membres de la fondation. Ces terres étaient affermées pour une modi-que rente, et leurs revenus étaient versés dans le trésor affecté au temple, et dont l'administration était confiée à des espèces de caissiers, (1) également choisis dans la classe sacerdotale. C'était de ce trésor commun qu'on tirait les sommes néces-saires pour les besoins journaliers des prêtres attachés à chaque temple, et pour ceux de leur famille.

« On leur prépare tous les jours, dit

---

(1) Hérodote cite particulièrement les caissiers du collége sacerdotal de Saïs ; voy. liv. II, p. 28.

» Hérodote , une si grande quantité de
» mets, de l'espèce de viandes que leur
» institution leur permet de manger, et
» on leur donne tant de vin, qu'ils n'ont
» rien à dépenser de leurs revenus parti-
» culiers, pour leur entretien. » Ces domaines des prêtres étaient ; aussi, libres
de tout impôt ou contribution quelconque.

Hérodote assure que, outre ces biens
communaux, chaque prêtre, ou famille
de prêtres, (car on n'ignore pas qu'ils
étaient mariés), pouvait posséder et possédait, en effet, des revenus particuliers,
et conséquemment des terres ; les familles
sacerdotales étaient même les plus considérables et les plus riches de l'État. Les
prêtres possédaient exclusivement les
charges publiques, et exerçaient, en outre, une foule d'autres fonctions lucratives.

Un des traits caractéristiques des prêtres Egyptiens était l'extrême propreté
qu'ils observaient sur leur corps et dans
leurs vêtemens. On ne peut douter que la

nature du sol et du climat de l'Egypte ne leur commandât ce soin, de même qu'elle dirigeait tout leur régime diététique. Mais il paraît aussi qu'ils n'ignoraient pas l'influence décisive de la propreté extérieure, sur la civilisation du peuple. Non contens d'en donner eux-mêmes l'exemple, ils en inspiraient le goût à leurs sujets. » Les » Egyptiens, dit Hérodote, n'aiment rien » tant que de porter des vêtemens de lin, » extrêmement propres. » Ils couvraient ce lin d'autres habits de laine ; mais les prêtres ne s'habillaient que de lin (1) très-propre, et portaient des chaussures de *bybulus.* Ils avaient soin de se couper la barbe et se baignaient deux fois par jours. Vit-on jamais, dans aucun pays, la première classe se distinguer d'une manière

---

(1) Je suppose qu'il faut comprendre aussi le coton sous cette dénomination. Voy. DE SCHMIDT, *de Sacerdotibus Egypt.*, pag. 26. Cette manière de s'habiller ajoute de la vraisemblance à l'idée que cette caste était originaire des pays méridionaux de l'Afrique.

plus simple et plus raisonnable, dans ses vêtemens ?

Le résultat sommaire de ces dernières observations est donc celui qui suit :

La caste sacerdotale d'Egypte était un peuple (1) particulier, vraisemblablement

---

(1) J'ai déjà remarqué, dans une autre occasion, que cette opinion sur l'origine de la caste sacerdotale était, à mon sens, la plus vraisemblable ; mais sans la prouver historiquement. Si l'on préfère de croire que ces prêtres étaient une peuplade indigène de la Haute-Egypte, qui se forma par des relations commerciales avec l'Ethiopie, et adopta le culte établi dans ce dernier pays, cette opinion ne peut nuire à mes recherches. Du reste, ce n'est pas sans dessein que je me suis borné au témoignage d'Hérodote. Je ne me suis même servi de ceux de Diodore que comme de moyens auxiliaires, propres à éclaircir les renseignemens du premier. On trouve dans les écrivains et les pères des premiers siècles, une foule de données sur les prêtres Egyptiens, rassemblées, depuis fort amplement dans la dissertation savante de M. DE SCHMIDT, intitulée : *De Sacerdotibus et sacrificiis Egyptiorum*, et presque totalement relatives à l'organisation de

amené de l'Ethiopie par des relations commerciales, lequel s'étendit peu-à-peu le long du Nil, par le moyen des colonisations, et qui, plus ou moins favorisé par les circonstances locales, attira à lui les peuplades indigènes et sauvages, et fit de ses colonies, des Etats plus ou moins durables, dont un certain culte était le lien commun.

Tous les écrivains s'accordent à dire que la caste sacerdotale était immédiate-

cette caste. On les divise en prophètes, pasto-phores, néocores, etc. Mais je ne crois pas que ces renseignemens soient d'un grand prix pour la question de l'organisation de la plus ancienne caste sacerdotale établie en Egypte. Ces hommes si respectables, et si ardens à propager les lumières parmi le peuple, étaient alors, depuis plusieurs siècles, dégénérés en charlatans, qui vivaient encore du revenu des terres de leurs temples, et étaient d'autant plus riches en titres, qu'ils étaient pauvres en puissance. C'est encore une grande faute commise par tous ceux qui ont approfondi les antiquités Egyptiennes, d'avoir trop peu distingué les époques.

ment suivie de la caste *militaire*, composée des guerriers Egyptiens ; autre objet de recherches important , mais où les difficultés paraissent encore s'amonceler.

Il était dans la nature des choses , que les changemens politiques qu'éprouva l'Egypte , et principalement celui qui la transforma en un seul royaume , dûssent influer sur l'organisation de cette caste , autant , et peut-être plus fortement que sur celle d'aucune autre. On se demande d'abord si , dans les premiers tems , la caste sacerdotale était commune à tous les Etats de l'Egypte , en général , ou si elle n'était instituée que dans quelques-uns de ces Etats. Ici , nos renseignemens n'atteignent que les siècles plus modernes. Je vais donner un tableau aussi fidèle et aussi complet qu'il me sera possible , de cette caste , d'après Hérodote et Diodore , après quoi j'ajouterai les conjectures que je croirai pouvoir me permettre.

Les guerriers Egyptiens formaient , au rapport d'Hérodote, une des principales castes de l'État ; ils étaient divisés en *Hermotybiens* et en *Calasiriens* , et habitaient certains Nomes ou districts , dont Hérodote donne les noms. Les Hermotybiens, à l'époque de leur plus grand pouvoir , étaient forts de cent soixante mille hommes ; et les Calasiriens , de deux cents cinquante mille. Ni les uns , ni les autres , n'osaient exercer de métiers : ils n'étaient destinés qu'à combattre , et cette destination passait, par succession, du père au fils.

Leur sol consistait en fonds de terre ; car ils étaient, avec les prêtres, les seuls propriétaires du pays. Chaque soldat possédait douze acres de terre, (l'acre calculée sur le pied de cent aunes Egyptiennes, (1)de circonférence.) Mille Calasiriens, et autant d'Hermotybiens composaient, chaque année, la garde du roi,

---

(1) L'aune Egyptienne est , suivant DANVILLE , de vingt et un pouces et demi de Paris. *Mémoire sur l'Egypte* , pag. 27.

et recevaient alors , journellement , outre le revenu de leurs terres , une quantité déterminée de pain , de viandes et de vin. Diodore ajoute , à ces renseignemens , que l'on accorda des propriétés territoriales aux soldats Egyptiens , dans le double but d'augmenter la population , en leur inspirant le goût du mariage , et de les intéresser à la défense de leur patrie.

Les guerriers Egyptiens étaient donc , d'après ces rapports d'Hérodote , des peuplades Indigènes , qui avaient leurs demeures sur un point déterminé du pays , et auxquelles on avait donné une certaine portion de terre mesurée sur l'étendue du sol. Telle est l'idée qu'il faut se former de cette caste , prise en masse.

L'histoire ne nous apprend pas qu'elle était la différence qui existait entre les Calasiriens et les Hermotybiens , et dans quel rapport ils étaient les uns à l'égard des autres ; ensorte que la réponse , à cette question , est encore dans la classe des présomptions. Ce qu'on en peut dire de plus vraisemblable, c'est qu'ils différaient, dès leur origine. Mais habitaient-ils des districts séparés ?

Hérodote a fait une mention expresse des Nomes Egyptiens dans lesquels ces deux espèces de soldats avaient leurs demeures. Il résulte, de ce qu'il en dit, que presque toute la force militaire se trouvait dans la Basse Egypte. Les Hermotybiens occupaient quatre Nomes et demi, situés dans le Delta, et les Calasiriens onze autres, dont deux seulement se trouvaient, l'un dans la Haute-Egypte, l'autre dans la moyenne Egypte; savoir: ceux de Chemnis et de Thèbes.

Cette singularité frappante s'explique facilement par l'histoire des Egyptiens. Depuis le régne de Psammétique, l'Egypte avait eu presque constamment à redouter les habitans de l'Asie, et elle avait elle-même plusieurs fois pris l'offensive. Il est donc vraisemblable que ce furent les derniers souverains de l'Egypte, qui fixèrent ainsi la classe militaire.

Mais si, en adoptant une autre manière de voir, on préférait de croire que cette caste fut répartie, dès son origine, dans les districts ou Nomes qu'elle habitait du tems d'Hérodote, cette seconde opinion ne serait pas moins vraisemblable que la première. Ce fut dans le siécle de Moyse que la caste militaire pénétra dans la Basse-Egypte. La rapidité avec laquelle le Pharaon qui regnait alors, et qui apparemment gouvernait l'Etat de Memphis, rassembla l'armée avec laquelle il poursuivit les Israëlites, démontre assez clairement que les troupes qui défendaient l'Egyte, à cette époque, étaient cantonnées dans les mêmes lieux où Hérodote les place.

Il est surtout très vraisemblable que la caste militaire dut principalement sa formation à l'Etat de Memphis, qui domina presque toujours sur ceux de la Basse-Egypte. Cet Etat n'était pas seulement le plus puissant mais de plus il commença ses conquêtes de très-bonne heure, ce qui prouve assez que la caste militaire

y était la plus indispensable et la plus important-
portante.

Nous ne savons presque rien de son organisation intérieure ,, de ses statuts,
de sa tactique etc. La quantité de
canaux que l'on conduisit , dans la
suite, sur toute la surface de l'Egypte,
durent occasionner des changemens dans
son organisation. (1) La principale force
de l'armée consista d'abord en cavalerie
et en charriots armés ; (2) mais ces
moyens de guerre devinrent nuls , lorsque
le pays fut par-tout entre-coupé de canaux.

Du reste, il est inutile de dire que ces
soldats n'étaient pas les seuls habitans des
districts qu'ils occupaient. On aurait également tort de croire qu'ils n'osâssent exercer d'autre métier que celui des armes.
Les travaux manuels leur étaient inter-

----

(1) Voyez Hérodote , liv. II, p. 108. et Diodore,
pag. 52.

(2) *Exode* , chap. XIV , vers. 9.

dits parce qu'on attachoit une idée avi-
lissante à ces occupations. Mais on ne
voit rien qui prouve qu'il ne leur fût pas
permis de cultiver la terre, à moins d'interpréter dans ce sens ce que dit vague-
ment Diodore de l'usage où étaient ces
soldats d'affermer leurs biens.

Ils étaient aussi obligés de faire le service dans l'intérieur du pays, et hors des
districts qu'ils occupaient. On les mettait
en garnison dans les places frontières,
telles que Syène et autres. Ils composaient
aussi, comme je l'ai dit plus haut, la garde
du roi. Hérodote prétend que la négligen-
ce qu'on mit à renouveller ces garnisons
occasionna leur désertion en Ethiopie. (1)

D'après l'opinion de M. de *Pauw* (2),
il n'y eut plus de caste militaire en
Egypte, après le règne de Psammétique;
car cet auteur croit que cette caste

____

(1) Hérodote, liv. II, p. 3o.

(2) *Recherches sur les Egyptiens*, tom. II,
p. 35i.

passa toute entière en Ethiopie. Mais, outre que cette idée manque de fondement, il est extrèmement facile de la combattre; en effet, Hérodote parle de ces soldats comme d'une caste encore existante en Egypte, pendant le séjour qu'il y fit; quoiqu'il fasse entendre qu'elle n'était pas aussi nombreuse alors qu'elle l'avait été; de plus, il en est encore parlé dans les guerres des derniers Pharaons (1).

Il ne paraît pas que cette caste ait porté à un degré éminent la science militaire. Comment pouvait-elle se perfectionner dans un État où elle n'avait que le second rang ? Quoique l'ambition de quelques Pharaons s'efforçât de faire des Égyptiens un peuple conquérant, ces tentatives n'eurent aucun résultat heureux, parce que la constitution des Égyptiens avait trop profondément imprimé dans leur caractère, des dispositions toutes opposées.

---

(1) Hérodote liv. II, p. 169.

Tous les écrivains s'accordent à dire que les castes sacerdotale et militaire, étaient les principales. Hérodote n'observe point d'ordre dans la nomenclature des cinq autres. Nous ne savons même pas si elles étaient classées ; mais il est certain que les pasteurs avaient le dernier rang. Il importe donc peu de ranger par ordre celles dont il reste à parler.

Commençons par celle des citoyens *exerçant des métiers* ; (c'est ainsi que je traduis l'expression Grecque d'Hérodote, *kapeloi ;* mot que les Lexicographes ont déjà expliqué dans le même sens). C'était une des castes les plus nombreuses. Elle comprenait, à-la-fois, les artisans, les artistes, les commerçans et les petits marchands ; et c'est l'explication qu'Hérodote en donne, dans un autre passage (1). Il est naturel de croire que cette caste se perfectionna, en raison des progrès de l'agriculture. La tribu ou les tribus qui la

____

(1) Hérodote, liv. II, p. 141.

composaient, ne devinrent propres à ces occupations, que lorsqu'elles furent un peu avancées dans la civilisation.

C'est une question fort obscure, de savoir si ces différens métiers étaient héréditaires, et conséquemment, si cette caste comprenait une quantité de sous-divisions, ainsi qu'on le voit dans l'Inde, ou s'il était libre à chacun de choisir le métier ou l'art qui lui convenait le plus? La première opinion a été long-tems la plus accréditée (1); mais M. de Pauw l'a réjetée, et, selon moi, avec beaucoup de raison (2). On n'en trouve la moindre preuve, ni dans Hérodote, ni même dans Diodore, sur l'autorité duquel s'appuyaient tous les zélateurs de cette opinion. Ce dernier écrivain ne dit que deux choses : premièrement, qu'il n'était

____

(1) Goguet a le plus contribué à répandre cette opinion, dans son ouvrage sur *l'Origine des Sciences et des Arts*, etc. Tom. V, p. 43.

(2) *Recherches sur les Egyptiens*, tome I, page 219.

permis à aucun citoyen d'exercer. deux métiers à-la-fois; secondement, que quiconque exerçait un métier, ne pouvait prendre part à l'administration de l'État. La première assertion n'exige aucun commentaire, et la seconde ne signifie rien, sinon que nul individu de la classe des citoyens ne pouvait entrer dans la classe militaire, et encore moins dans la caste sacerdotale, qui gouvernait.

L'écrivain français que je viens de nommer, comprend aussi les agriculteurs dans la caste des citoyens exerçant des métiers. Je me range à son avis; mais avec une restriction. Puisque, selon Diodore, il n'existait, dans les classes inférieures de l'Égypte, que des *fermiers*, ces hommes ne pouvaient former une caste à part; mais tous les individus des dernières castes, en exceptant, peut-être, les bergers Nomades, étaient agriculteurs, ou pouvaient le devenir. Il se peut aussi qu'il y eût, parmi eux, un grand nombre de particuliers qui n'exerçaient d'autre métier que l'agriculture, mais ils

ne pouvaient former une caste particulière, puisque, d'après le principe domi-
nant, les Prêtres s'efforçaient de rendre
cette occupation commune à tous les
citoyens.

J'ai en outre remarqué, dans une autre
occasion, que l'assertion de Diodore,
d'après laquelle les Prêtres, les Rois et
les soldats étaient les seuls propriétaires
de terres, n'est rien moins que certaine,
au moins sous le rapport de la durée et
de l'universalité de cet usage. Hérodote
ne le confirme pas expressément. D'après
lui, au contraire, Sésostris distribua des
portions égales de terres *à tous les Egyptiens*, moyennant une rétribution annuelle (1). La question semble dégé-
nérer en subtilités sur l'espèce du droit
de propriété, en Égypte, et elle est trop
peu importante, pour que je m'arrête à
la résoudre.

La caste des *Marins* a fort embarrassé

____

(1) Hérodote, liv. II, p. 109.

quelques écrivains , parce qu'il est généralement connu que l'ancienne Égypte
n'avait point de navigation avant Psammétique ; car , quand même les rapports
de la flotte de Sésostris seraient historiquement vrais , ils ne peuvent entrer en
considération , lorsqu'il s'agit d'une portion du peuple , constamment dévouée à
la marine ; mais ces doutes ne sont fondés
que sur l'ignorance des Égyptiens. En
effet , quoiqu'à cette ancienne époque ils
ne connussent pas la navigation de mer,
celle des fleuves n'en était que plus active.
Je trouverai plus bas l'occasion de parler
plus en détail de l'étendue de cette navigation , et de son importance pour l'Égypte , lorsque j'examinerai son commerce intérieur.

Cette caste marine ne consistait donc
pas en navigateurs de mer ; mais en *marins du Nil*. Hérodote ne nous donne
point de renseignemens exacts sur les
tribus qui la composaient ; mais il est vraisemblable que c'étaient les plus anciens
habitans des bords du Nil, c'est-à-dire ,

ceux qui, au rapport des Egyptiens
même, se nourrissaient de poissons,
avant qu'il existât des royaumes en
Egypte. (1) La quantité prodigieuse des
barques et des vaisseaux dont le Nil était
couvert, depuis Syène, jusqu'à son embouchure, peut nous donner une idée du
nombre de ces marins. (2) Lorsqu'Amasis fit transporter d'Eléphantine à Saïs,
le temple de pierre consacré Minerve,
(édifice formé d'un seul quartier de rocher, de quatorze aunes de hauteur, de
vingt une de long, et de huit de large,)
deux mille de ces marins furent chargés
du transport, qui, d'après Hérodote,
dura trois ans, tandis que des bâtimens
ordinaires font la même route en douze
jours.

Il est aisé de voir que cette caste dut
aussi son existence aux besoins locaux.

---

(1) Diodore, pag. 41.

(2) Dans certaines fêtes, la presque totalité des
habitans de l'Egypte se trouvait réunie sur le
fleuve.

M 4

Pendant le tems des débordemens, la navigation est le seul moyen de communication, en Egypte; et, durant les autres saisons de l'année, les canaux servaient à faciliter les relations avec l'intérieur du pays.

La caste des *Interprétes*, (*Ermeneis*), est remarquable, sous plus d'un rapport. Elle se forma au siècle de Psammétique, et est la seule dont nous connaissions historiquement l'origine. Psammétique, voulant donner à son peuple les formes Grecques, fit venir des Grecs en Egypte, pour y élever un nombre considérable d'enfans Egyptiens, et leur enseigner la langue et les usages de la Grèce. Ce furent, au rapport d'Hérodote, les descendans de ces Egyptiens qui formèrent la caste des Interprètes (1).

Ce qu'il y a de bizarre, dans cet événement, s'explique facilement, si l'on connaît la haine que la nation, et sur-

____

(1) Hérodote, liv. II, p. 154.

tout les castes supérieures, avaient vouée à cette nouvelle classe. Ces enfans, élevés dans les mœurs grecques, furent, pour ainsi dire, reniés par leurs compatriotes. On ne voulut les recevoir dans aucune caste indigène, ensorte qu'il ne leur resta d'autre ressource que de former entre eux une caste particulière, qui emprunta son nom de l'occupation à laquelle elle se dévoua.

L'Egypte, depuis cette époque, fut inondée de Grecs, qui n'y vinrent pas seulement comme voyageurs, mais dont un grand nombre établirent des comptoirs de commerce à Naucratis et dans les autres ports. (1) Une classe d'hommes instruite dans les deux langues, en état de gérer les affaires des Grecs, dans le pays, et de servir d'interprète aux étrangers, était donc indispensable; et tel était l'office de la caste dont nous parlons. Elle était sans doute composée, en grande partie, de courtiers et de commerçans; mais ces

______

(1) Hérodote, liv. II, p. 178, 179.

hommes, une fois séparés du reste de la nation, ne purent plus être incorporés aux autres castes Egyptiennes.

Il ne nous reste plus à examiner que les *Pasteurs* qui, au témoignage de Diodore, ne formaient qu'une caste, tandis qu'Hérodote les divise en deux classes, qu'on peut considérer, si on le veut, comme des sous-divisions. De cette manière, Hérodote et Diodore se rapprocheraient, surtout si l'on veut confondre les classes des agriculteurs et des artistes, avec celle des gens de métiers. Mais il n'en restera pas moins à Diodore le tort d'avoir entièrement omis les marins et les interprètes.

Quoi qu'il en soit, suivons Hérodote. Malheureusement ses renseignemens sur ces classes, sont extrêmement brefs et insuffisans. A peine cite-t-il la plus nombreuse des deux ; celle des *Bouviers* ; et il n'entre dans aucun détail sur la seconde.

J'ai déjà plus d'une fois remarqué qu'une partie des habitans de l'Égypte devait demeurer Nomade ; savoir : ceux des mon-

tagnes et ceux des marais, dont le sol
ne permettait point la culture du bled;
mais, parmi ceux qui avaient contracté
les habitudes sédentaires, il y en avait une
partie, qui faisait du soin des troupeaux, sa principale et peut-être son
unique occupation. C'étaient ceux qui habitaient la limite orientale de la vallée du
Nil, au pied des montagnes de l'Arabie.
On y trouve d'excellentes prairies, beaucoup de villages, et d'innombrables troupeaux. Voici le tableau qu'un voyageur
fait de l'état moderne du pays et de ses
habitans. Je le communique d'autant plus
volontiers à mes lecteurs, qu'il convient,
sans doute, également à l'état ancien de
ces contrées.

« Depuis les rives du Nil, dit M. Maillet,
» jusqu'aux montagnes qui bornent
» les fertiles plaines de l'Égypte, on ne
» trouve souvent, pendant plusieurs jour-
» nées, que de vastes prairies. Ces plai-
» nes sont partout couvertes de bourgs
» et de villages, dont la plupart sont or-
» nés d'édifices publics, et dont un grand

» nombre contient jusqu'à trois mille
» habitans.

» Outre ces habitans naturels à l'É-
» gypte, qui ont des demeures fixes, et
» composent ces villages nombreux et
» peuplés, dont je vous ai parlé plus haut,
» il y a encore dans les campagnes les
» plus voisines des déserts, souvent même
» dans celles qui bordent les rivages du
» Nil, une autre espèce de peuple er-
» rant, qui campe sous des tentes, et
» change d'habitation, à mesure que le
» défaut de pâturages, ou la variété des
» saisons l'y oblige. C'est ce qu'on appelle
» Arabes-Bédouins; et l'on peut dire qu'il
» s'en trouve plus de deux millions en
» Égypte. Les uns se tiennent dans les
» montagnes et dans l'éloignement des
» villes et des villages, mais toujours
» dans des endroits, où il leur est aisé
» d'avoir de l'eau. Les autres dressent
» leurs tentes, qui sont très basses et fort
» pauvres, dans le voisinage des lieux
» habités où on leur permet, moyennant
» une petite rétribution, de faire paître

» leurs troupeaux. On leur y abandonne
» même quelques terres pour les cultiver
» à leur profit, seulement dans la vue de
» n'avoir rien à démêler avec des gens
» qui peuvent faire beaucoup de mal,
» sans qu'on puisse leur en faire aucun.
» En effet, pour se mettre à l'abri de tout
» ressentiment, ils n'ont qu'à pénétrer
» une journée dans les déserts, où il ne
» leur est pas difficile de subsister plu-
» sieurs mois de suite, à la faveur de leur
» extrême frugalité, et par la connais-
» sance qu'ils ont des puits qui s'y ren-
» contrent. Il n'y a pas de spectacle plus
» agréable, que de considérer dans les
» mois de Novembre, Décembre et Jan-
» vier, ces vastes prairies, où l'herbe,
» presque de la hauteur d'un homme, est
» si épaisse, qu'un bœuf couché dedans,
» a, autour de lui, de quoi paître une
» journée entière, sans se lever, toutes
» couvertes d'habitations et de tentes, de
» peuples et de troupeaux. C'est, en
» effet, dans cette saison que ces Bé-
» douins accourent en Egypte, de trois

» à quatre cents lieues de distance, pour
» y faire paître leurs chameaux et leurs
» chevaux. Le tribut qu'on exige d'eux,
» pour leur accorder cette permission,
» ils le payent du produit de quelques
» ouvrages faits de la laine de leurs bre-
» bis, qu'ils débitent dans le pays, ou de
» quelques brebis même, qu'ils vendent
» aussi - bien que leurs agneaux, ou de
» quelques petits chameaux dont ils se
» défont. Du reste, accoutumés qu'ils
» sont à une extrême frugalité, ils vivent
» de peu, et peu de chose suffit à leur
» entretien. Après avoir passé un certain
» tems aux environs du Nil, ils s'enfon-
» cent dans les déserts, d'où, par des
» routes qui leur sont connues, ils passent
» en d'autres régions, pour y habiter de
» même, pendant quelques mois de l'an-
» née, jusqu'à ce que la saison les rap-
» pelle en Égypte. »

Cette différence entre les *Pasteurs
Nomades* et les *Paysans* Egyptiens, qui,
habitant des villages et des villes ouvertes,
s'occupent à la fois du soin des troupeaux

et de l'agriculture , était la même dans l'antiquité. Hérodote a décrit les mœurs de ces derniers (1). C'était , selon lui , un peuple vigoureux et sain , astreint à une espèce de régime prescrit par les prêtres. Ils ne se nourrissaient que de pain fait de son , de poisson , de bière d'orge et de la chair des animaux auxquels ils n'attachaient pas une idée religieuse.

Quant aux pasteurs Nomades, le même auteur ne les cite qu'accidentellement (2); mais Diodore assure qu'ils conservaient, de son tems , la même manière de vivre qu'ils avaient toujours observée. (3)

La caste des *Bouviers* embrassait nécessairement les tribus sédentaires dont l'éducation des bêtes à cornes étoit la première occupation. Il est difficile de décider si l'on y comprenait les pasteurs Nomades. Les vastes montagnes qu'ils habitaient, ne furent, peut-être, jamais entiè-

_____

(1) Hérodote, liv. II, p. 77.
(2) Hérodote , liv. II , p. 128.
(3) Diodore , p. 41.

rement soumises aux Pharaons : d'ailleurs
l'assujétion de peuples Nomades est
toujours mal assurée.

D'après l'ensemble de leur manière de
vivre , on ne pouvait guères les considérer
autrement que comme des ennemis naturels qu'il fallait supporter , parce qu'on
ne pouvait s'en défaire. Delà la haine et
le mépris qui les poursuivirent de tous
tems, et que la caste sacerdotale s'efforça
toujours d'entretenir. « Les Égyptiens
>> ont en abomination les pasteurs. >> (1)
C'était ainsi qu'on en parlait , du tems de
Moïse ; et l'on retrouve les mêmes idées
dans Hérodote. (2) Mais je ne vois rien
qui prouve que ce mépris s'étendît sur
les paysans sédentaires de l'Egypte, qui
s'occupaient du soin des troupeaux. Les
bêtes à cornes n'étaient rien moins qu'im-
pures, dans l'opinion des Égyptiens. Les
vaches étaient consacrées à Isis , et les
bœufs servaient aux sacrifices et à la nour-

____

(1) Genèse, ch. 46, vers. 34.
(2) Hérodote, liv. II, p. 128.

riture commune. Il n'est donc pas vraisemblable qu'on se crût souillé, pour avoir pris soin de ces animaux. La caste dominante cherchait plus à détruire les habitudes Nomades, que la vie pastorale qui, en elle-même, n'était pas moins indispensable que l'agriculture.

Il paraît qu'à cette caste se joignaient, en outre, les peuplades qui habitaient les parties marécageuses du Delta. Strabon (1) assure que ces contrées avaient été assignées, par les anciens Pharaons, aux bouviers, pour leurs principales demeures. Ces hommes avaient, à la vérité, adopté les mœurs Égyptiennes (2), s'il faut en croire Hérodote ; mais ils conservèrent toujours une demi barbarie ; ils étaient même voleurs, parce qu'on ne pouvait les atteindre aisément dans l'épaisseur des roseaux dont ils

(2) Strabon, p. 1142.

(3) Hérodote, liv. II, p. 92.

faisaient leurs cabanes. (1) C'est ainsi qu'Héliodore les dépeint. (2)

La caste des *Porchers* était impure et méprisée. Hérodote la distingue expressément de celle des Bouviers. Il nous apprend qu'elle était formée par une peuplade *Indigène* (3), à laquelle on avait interdit tout mélange avec le reste des Egyptiens et même l'entrée des temples.

Le porc était aussi impur aux yeux des Egyptiens qu'il l'est à ceux des Juifs ; superstition apparemment fondée sur des circonstances locales, qui nous sont inconnues, ou du moins sur lesquelles nous n'avons aucune certitude. Cependant, d'après une vieille tradition, à certaine fête, on sacrifiait, dans chaque maison, un porc à Osiris. (4) Deplus, Les Egyptiens avaient coutume de chasser, après les semailles, des troupeaux de porcs sur

---

(1) Diodore page 45.
(2) Héliodore, Ethiop. 1. 5.
(3) Hérodote, livre II, p. 47.
(4) Hérodote, liv. II, p. 48,

les campagnes amollies par les eaux du Nil, pour fouler le grain et le faire pénétrer dans le sol (1). Cette espèce de bergers était donc indispensable pour les Égyptiens qui, du reste, avaient pour elle un mépris égal à celui que l'on porte aux *Parias*, dans l'Inde.

En réunissant la masse de ces recherches sur la division des castes en Égypte, nous obtiendrons les résultats suivans.

Premièrement. Les castes Egyptiennes étaient, dans leur origine, des *peuplades*, qui même étaient, autant que nous le savons, Indigènes, à l'exception de la caste sacerdotale, qui très-vraisemblablement était venue d'Ethiopie, déjà civilisée.

Secondement. La division par castes, fondée sur la nature et les localités du pays, fut encore l'ouvrage de la caste dominante, dont elle servait à étendre et à consolider le pouvoir.

---

(1) Hérodote, liv. II, p. 14.

Troisièmement. Cette espèce de division doit avoir éprouvé, dans les révolutions politiques de l'Egypte, des changemens sur lesquels nous ne savons rien
de précis. On ne peut démontrer, ni même
soutenir qu'elle fût la même pour tous les
premiers États de l'Égypte. La forme sous
laquelle nous voyons ces castes, paraît
n'avoir dû sa conservation qu'à la réunion
de l'Egypte en un seul grand empire.

Tel est ce que nous pouvons dire sur la
division politique du peuple, en Egypte.
Il nous reste à faire une seconde recherche
non moins importante, sur la *division
politique du sol.*

La partie fertile de l'Egypte était divisée en *Nomes* ou *districts* que l'on trouve
cités partout, dans l'histoire de ce pays.
Cette institution datait de l'époque des
Pharaons; car les Egyptiens l'attribuaient
eux-mêmes à Sésostris, et elle se perpétua
tant sous les Ptolémées que sous la domination des Romains.

---

(1) Diodore, page 50.

Cependant il suffit de jetter un coup-d'œil sur l'histoire de l'Egypte, pour se convaincre que, quoique cette institution se fût conservée dans son ensemble, elle fut assujettie à une foule de modifications partielles. A peine y a-t-il deux écrivains qui s'accordent sur le nombre des nomes, et l'obscurité augmente encore, lorsqu'il s'agit de comparer leurs noms dans les divers auteurs. Danville a placé cinquante-trois Nomes sur sa carte, et néanmoins on n'y trouve pas tous ceux dont parle Hérodote. (1) Strabon en compte trente-six ; Pline et les autres plus ou moins ; et ces différences ne doivent point nous surprendre, au milieu des révolutions politiques que l'Egypte a éprouvées, même sous le rapport de son étendue.

Je laisse aux historiens, qui viendront après moi, le soin d'étudier et d'expliquer ces révolutions. Pour les recherches qui

____

(1) Strabon, page 1154.

m'occuppent en ce moment, il ne s'agit que de savoir comment la division en nomes eut lieu, et quelle fut sa forme primitive.

Ici, Hérodote est encore le seul écrivain dont nous puissions espérer quelques éclaircissemens. Lorsqu'il vit l'Egypte, les Nomes avaient, sans doute, subi plusieurs modifications ; mais cependant, ils n'avaient point encore dégénéré en provinces Grecques ou Romaines. Il devait ou du moins il pouvait s'être conservé des traces de leur état originaire, qui ne purent échapper à un aussi habile observateur qu'Hérodote.

C'est une observation qui se présente naturellement à tout esprit judicieux, et qui doit conduire à d'importantes conjectures, que la division en Nomes était, dans les diverses parties de l'Egypte, dans un certain rapport avec la nature et les objets du culte. Dans tel nome, dit-on, on adorait telle ou telle divinité ; tel ou tel animal y était sacré. Cette remarque amène d'elle-même à croire que, dans

cette institution, comme dans presque toutes les autres, la religion et la politique étaient dans une liaison étroite. Il me semble que le passage suivant d'Héro- dote éclaircit parfaitement cette ques- tion obscure sur l'origine des Nomes, que Danville regarde comme inexpli- cable. « Ceux, dit Hérodote, qui ont
» fondé le temple de Jupiter-Thebéen, ou
» qui appartiennent au nome de Thèbes,
» s'abstiennent de la chair des moutons,
» et ne mangent que celle des chèvres ;
» ceux, au contraire, qui ont fondé le
» temple de Mendes, ou qui appartien-
» nent au nome du même nom, ne
» mangent point la chair des chèvres,
» mais celle des moutons. »

Ce témoignage d'Hérodote me paraît si clair et si précis, qu'il lève, selon moi, toute espèce de doute sur l'origine et la plus ancienne organisation des Nomes. Il est visible qu'ils dépendaient originai- rement des temples. Chaque nouvelle colonie de la caste sacerdotale, for- mait, avec le territoire qu'elle s'arro-

geait, un Nome particulier, qui se distinguait des autres par le culte qu'il adop-
tait, culte toujours modifié selon les
circonstances locales.

Les Nomes Egyptiens étaient donc,
dans leur origine, autant d'Etats sacer-
dotaux indépendans, et cette division en
Nomes, ne pût devenir territoriale, que
lorsque les différens Etats que l'Egypte
contenait furent réunis en un seul
Empire. C'est dans ce sens, que la tradition attribuait à Sésostris, cette manière de partager les terres ; car, si Sésostris est véritablement un personnage
historique, il est hors de doute qu'il était
souverain, et peut-être, le premier souverain de l'Egypte.

Nous voici donc arrivés, par une autre
voie plus sûre, au résultat auquel nous
ont déjà conduit nos premières recherches, savoir : que les plus anciens Etats
de ce pays étaient, originairement, des
établissemens de la caste sacerdotale,
qui, en accoutumant les Nomades à la
vie sédentaire, et conséquemment, à l'a

griculture, fit d'un certain culte, basé sur les localités, un lien politique, propre à réunir à elle ces tribus sauvages.

Cependant, outre cette aristocratie sacerdotale, tous les États Égyptiens avaient un gouvernement *royal* ; « car » jamais, dit Hérodote, les Égyptiens » ne pûrent se passer de rois. » Le rapport dans lequel les rois étaient avec la caste sacerdotale, est donc un objet propre à fixer l'attention de l'observateur. mais il est facile de voir, par avance, qu'on ne peut presque rien dire de général sur ce point ; et cette vérité est confirmée par le petit nombre de fragmens qui nous restent de l'histoire des anciens États de l'Égypte. Il était dans la nature des choses, que ce rapport différât, ou se modifiât, dans les divers États. Il devait même être assujetti à des changemens de toute espèce, dans chacun de ces États en particulier. Beaucoup de choses dépendaient du caractère personnel du roi, de l'étendue de l'État et des circonstances.

Dans les Etats conquérans, le pouvoir de la caste sacerdotale sur le roi, ne pouvait être la même que dans les Etats paisibles et peu étendus. Des rois pacifiques et faibles se laissaient plus facilement gouverner que des princes forts et inquiets. On ne peut non plus rien dire de certain sur le choix, la nomination et la succession des rois Egyptiens. Nous trouvons des exemples d'élection, de succession légitime et d'usurpation. Le long intervalle, dont il est ici question, rend ces changemens très concevables; et en tout, il est encore étonnant que la caste sacerdotale ait pu contre-balancer si long-tems la puissance des rois, que tant d'évènemens accrûrent.

Je crois pouvoir éclaircir tout ce que j'ai dit jusqu'ici, et trouver le lieu de placer le reste de mes observations sur l'organisation des anciens Etats de l'Egypte, en jetant quelques coups-d'œil sur les principaux d'entre eux.

Nous ne connaissons plus les causes premières de la fondation des diverses colonies de la caste sacerdotale , en Egypte ; mais leur position géographique me paraît propre à donner quelques solutions importantes.

Ce furent très-vraisemblablement des raisons de commerce qui firent fonder Eléphantine et Thèbes. Thèbes , la plus ancienne des deux , était le chef-lieu du commerce des caravanes pour les pays du sud et le nord de l'Afrique. Eléphantine et Syène qui l'avoisinait , durent , à ce qu'il semble , leur origine à la navigation du Nil. Elles étaient situées au lieu où le fleuve commence à devenir navigable , où l'on n'a plus besoin de vaisseaux *portatifs* , et où , conséquemment, la navigation devait prendre une toute autre forme. Syène était encore , au tems de Pline , le lieu de rassemblement des barques Ethiopiennes et le point le plus éloigné de la navigation pour les Egyptiens.

La position de Memphis , qui doit avoir été une colonie de Thèbes , est de même si bien marquée , que l'on devinerait facilement les causes de sa fondation, si l'histoire ne les révélait. De l'établissement de cette ville dépendait le défrichement de la plus grande, de la plus belle et de la plus fertile partie de l'Egypte.

Memphis était située près du lieu où le Nil se divise. Avant que l'art ne vînt au secours de la nature, le fleuve avait formé dans cet endroit, des marais qui rendaient tous les environs incultivables, et qui, sans doute, étaient d'autant plus étendus, que la vallée du Nil s'ouvre et s'élargit, du côté de la Libye, et y forme la vaste plaine de *Feyume*, l'une des plus belles de l'Egypte.

Le sol sur lequel Memphis était bâtie, était entièrement l'ouvrage de l'art. Pour y opposer des digues aux eaux du Nil, il fallut un travail herculéen, dont les traditions Egyptiennes célébraient long-tems après, la hardiesse (1). Ce fut à ce travail

---

(1) Hérodote, liv. II, p. 99. « Les prêtres » Egyptiens disaient que *Menes* avait établi les » digues de Memphis. Le fleuve inondait alors

que la Moyenne-Egypte dût le défrichement de ses terres, et la Basse - Egypte
son existence; car, ce ne fut qu'alors que
l'on pût assigner à chacune des ramifications du fleuve son lit particulier.

Les pyramides et le lac Mœris sont
comptés, avec raison, au nombre des
merveilles de l'ancien monde; mais l'établissement de Memphis ne mérite peut-
être pas moins une place parmi ces merveilles; et sans doute celles-là n'auraient
point immortalisé la gloire du nom Egyptien, si elles n'avaient point été précédées
de trop loin par l'autre.

Nos connaissances sur l'histoire des
premiers Etats Egyptiens, se bornent

» tout le pays, jusqu'aux montagnes de Libye.
» Menes fit tirer, au-dessus de Memphis, une
» digue de cent stades, au moyen de laquelle il
» arrêta le bras méridional du fleuve, dessécha
» son ancien cours, et ramena ses eaux dans
» leur lit naturel, ensorte qu'il coula entre les
» montagnes. Menes, après avoir ainsi desséché
» les marais, fonda sur ce terrein la ville de
» Memphis. »

presqu'entièrement à quelques fragmens de celle de *Thèbes* et de *Memphis*. Encore sommes-nous forcés d'avouer que nous ne savons que très-peu de choses de l'histoire de la première. Plus les ruines et les monumens qui nous restent de cette ville, sont grands, plus les écrivains modernes ont cru devoir fabriquer de fables sur ce qui les concerne. Les rapports de Diodore ressemblent à un roman, et un savant moderne, (1) en a déjà réduit le mérite à sa juste valeur. Il faut ajouter encore moins de foi aux rapports de *Synesius* et des autres écrivains plus modernes, sur l'autorité desquels s'appuient souvent des historiens ignares. Hérodote sera donc ici notre seule ressource, quelqu'insuffisans que soient ses renseignemens sur l'État de Thèbes, dont il ne parle qu'accidentellement.

---

(1) Voyez la première dissertation de M. le conseiller Heyne, *de Fontibus, Diod. Sic.*, insérée dans les *Commentaires de la Société de Gottingue*, tom. V, pag. 89.

D'après lui, Thèbes était sinon le plus ancien, du moins l'un des premiers Etats théocratiques de l'Egypte (1); (car Éléphantine et This pouvaient lui disputer cet honneur;) mais, quel que soit celui de ces Etats auquel on veuille accorder la primauté d'âge, leur position, comparée avec nos précédentes recherches, dénote assez que les relations commerciales avec l'Ethiopie, et nommément avec Méroë, furent les premiers motifs de leur fondation. Éléphantine fut, de tout tems, le terme de la navigation du Nil; et la Nature avait destiné le Nome de Thèbes, à servir de chef-lieu au commerce des caravanes de l'Afrique septentrionale.

Les divinités protectrices de Méroë avaient aussi leurs temples à Eléphantine et à Thèbes. Celui de Thèbes était consacré à *Ammon*; et celui d'Eléphantine, à *Bacchus* ou *Osiris*. La tradition attribuait à ces deux États, une origine Ethiopienne (1): et soit qu'on veuille croire

____

(1) Hérodote, liv. II, p. 15.

qu'une colonie sortie d'Éthiopie , éleva ces temples et fonda ces Etats, ou qu'une peuplade Indigène de la Haute - Egypte adopta le culte établi à Méroë , par suite de ses relations de commerce avec cette dernière ville ; il n'en demeure pas moins constant , que les relations commerciales furent la première cause de la civilisation de l'Egypte , et de la formation des Etats qu'elle contenait.

Les prêtres Egyptiens assuraient que le nom de Thèbes avait d'abord été commun à toute l'Egypte. (1) Quoique nous n'ayons aucune donnée exacte sur l'étendue de cet Etat , il est très-vraisemblable qu'il embrassa , à certaine époque, toute la partie cultivée du pays. Du tems d'Hérodote, le Nome de Thèbes avait encore six milles cent vingt stades . (153 milles) de circonférence , et conséquemment comprenait une grande partie de l'Egypte.

Quant à ce qui regarde la constitution

---

(1) Hérodote , liv. II, p. 15.

de cet Etat , Hérodote ne nous en apprend rien , sinon qu'il y existait , de même que dans les autres Etats Egyptiens , un gouvernement monarchique , limité par les prêtres. Le temple d'Ammon était le plus honoré par la caste sacerdotale , et le pontife de ce Dieu tenait constamment sa place à côté du Roi , dont il partageait les prérogatives. (1) Hérodote vit dans le temple trois cents quarante-cinq statues colossales de ces pontifes qui , tous , au dire des prêtres , s'étaient succédés de père en fils , et sans interruption. Quelqu'incertaine que soit cette tradition , elle fournit du moins une preuve de la longue durée de l'Etat de Thèbes. Ce partage de l'autorité entre les rois et les pontifes , qui s'observait également dans l'Etat de Memphis , était sans doute un des points fondamentaux des anciens Etats de l'Egypte ; mais le rapport qui devait exister entre ces deux pouvoirs n'a été déter-

___

(1) Hérodote, liv. II, p. 143.

miné par aucun écrivain digne de foi, et demeure abandonné au vague des conjectures.

Les magnifiques ruines de Thèbes témoignent encore l'antique splendeur de cette ville. Je suis tenté de croire que la marche paisible du commerce des caravanes, continuée pendant tant de siècles, eût suffi à faire de cette colonie sacerdotale, un des plus riches Etats du monde; et de la ville de Thèbes, une des premières villes du globe, quand même cet Etat n'eût point acquis une autre source inépuisable de richesses dans les *mines d'or* qu'il possédait.

Ces mines, qui semblent avoir été les plus anciennes du monde, se trouvaient dans les montagnes de l'Arabie, directement au-dessus de l'Egypte. Nous en devons une description savante et singulièrement exacte à Agatharchides, qui les vit sous le règne du quatrième Ptolémée.

(1) D'après les données de cet auteur,

---

(1) Voyez AGATHARCHIDES *de Rubro Mari*, dan

ces mines se trouvaient dans la monta-
gne actuellement nommée *Gebel Ollaki*,
près de l'ancienne *Bérenice Panchrisos*,
sous le vingt et unième degré de latitude
septentrionale, et le cinquante et unième
de longitude orientale. (1) On employait,
à leur exploitation, un grand nombre de
prisonniers de tout sexe et de tout âge,
qui se partageaient, d'après leurs forces,
les divers travaux des mines qu'Agatharchides décrit exactement. « L'exploita-
» tion des mines, ajoute-t-il, est déjà
» très-ancienne ; elle date de l'époque
» des premiers rois de ces contrées ;
» mais les travaux furent interrompus,
» lorsque les Ethiopiens, qui, dit-on,
» ont bâti Memnonium, inondèrent

la *Géographie de* HUDSON, pag. 22 et suiv. C'est
de lui que DIODORE a copié cette description.
Voyez pag. 151.

(1) Il ne peut plus y avoir de doute sur la position de ces ruines, après ce qu'en dit Agatharchides. Voyez les *Mémoires* de DANVILLE *sur*
l'Egypte, pag. 274.

» l'Egypte, et en occupèrent les villes,
» (vraisemblablement sous Sabacon,) et
» une seconde fois sous la domination des
» Medes et des Perses. On trouve en-
» core, dans les allées pratiquées dans
» ces mines, des instrumens d'airain,
» parce qu'on ne connaissait point en-
» core l'usage du fer. On y voit aussi
» une inombrable quantité d'ossemens
» d'hommes qui avaient été ensévelis dans
» ces allées, par l'écroulement des terres.
» Ces mines avaient une si grande éten-
» due, que les allées se prolongeaient,
» en différens circuits, jusqu'à la mer. »

Les limites de l'ancien Empire de Thèbes ne sont pas assez exactemen connues,
pour qu'on puisse prouver historiquement
que ces mines n'étaient pas hors de son
enceinte ; mais leur voisinage de Thèbes,
dont elles n'étaient éloignées que d'environ cinquante mille, l'assurance avec laquelle Agatharchides dit qu'elles dépendaient de l'Egypte ; enfin la tradition
Egyptienne, qui attribuait aux habitans de
Thèbes la découverte et l'exploitation

des métaux, font soupçonner, avec beaucoup de vraisemblance, que les rois qui
occupaient alors le trône de Thèbes,
étaient aussi possesseurs de ces riches
mines. Je n'ose pas calculer, à l'instar d'un
écrivain moderne, les revenus des Pharaons (1); mais je ne m'étonne plus que la
Haute-Egypte, où l'agriculture, le travail
des mines et le commerce se perpétuèrent
paisiblement, pendant une longue suite
de siécle, fût devenue le plus puissant et
le plus riche pays du globe.

Ce peu de données contiennent tout
ce qu'on peut dire avec quelqu'assurance
d'un État qui fut, pendant plusieurs siécles,
l'un des plus riches, des plus grands et des

______

(1) Peut-être est-ce en faveur de ce calcul
que M. de *Pauw*, dans ses *réflexions sur les E-
gyptiens*, page 313, nie que les rois d'Egypte aient
pris part à l'exploitation de ces mines, et qu'il a été
tenté de douter de leur existence. Comment peut-
il soutenir si affirmativement que la domination
des Pharaons ne s'étendit jamais aussi loin? n'est-
ce point très-arbitrairement qu'on a toujours re-
gardé Syène comme la frontière de l'Egypte?

plus puissans qui ayent jamais existé. Aucun des historiens, qui sont parvenus jusqu'à nous, n'a vu Thèbes dans toute sa splendeur. Lorsqu'Hérodote visita cette ville, elle avait, depuis long-tems, cessé d'être la capitale de l'Egypte. Cambyse l'avait même dépouillé des ouvrages de l'art et des richesses qu'elle possédait.

Les relations des écrivains plus modernes sur les rois de Thèbes, et principalement celles de Diodore, ou plutôt des Ecrivains qu'il a copiés, de même que les tableaux qu'ils nous ont donnés de l'intérieur de cet État, de la manière de vivre des rois, de la justice, des lois etc. n'ont que peu de poids aux yeux de l'observateur judicieux. (1) Il faut, en quelque sorte considérer ces relations comme les derniers échos du bruit de Thèbes aux cent portes, qui, dès l'époque d'Homère, avait rempli une grande partie de l'ancien

----

(1) On en trouve une critique dans la dissertation de M. HEYNE, *de fontibus Diod sic.*

monde. Le seul résultat qn'on en puisse tirer est que Thèbes fut l'État sacerdotal de l'Egypte le plus parfait et le plus policé; que la caste dominante ne put y tenir les rois dans une indépendance constante, et que l'influence étrangère et le desir de s'aggrandir n'y troublèrent pas cette politique autant qu'à Memphis.

On a plus de détails sur ce dernier Empire. Ce fut le plus tardif, le plus puissant et le plus durable de l'Egypte. Les Rois Egyptiens cités par Hérodote, sont tous Memphites; et ses relations, recueillies des livres et de la bouche des prêtres, furent très-probablement rassemblés dans le collége des prêtres de Memphis. Il ne faut que des yeux pour voir qu'Hérodote écrivit fidellement tout ce qu'on lui rapporta. On doit même attribuer les formes Grecques que portent ses relations à ceux qui les lui ont dictées, plutôt qu'à lui-même; mais on n'ose prononcer affirmativement sur le degré de fondement historique de ces narrations des prêtres Egyptiens. L'histoire des premiers tems de ce pays est moins le récit des faits de quelques rois, que la description de quelques édifices ; car on attribue à chacun de ces rois l'érection d'un monument, en sorte que souvent on serait tenté de croire que ces rois ne doivent leur existence historique qu'aux monumens qu'on leur attribue.

On ne doit point s'attendre à trouver ici une critique détaillée de ces relations. Je me bornerai, d'après le cercle que je me suis prescrit, aux observations qui peuvent jetter quelque jour sur la constitution de Memphis.

J'ai déja rapporté plus haut les causes de sa fondation, et son importance pour la civilisation de toute l'Egypte. Le temple principal de cette ville était celui de *Phta* (qui n'est autre chose que le Vulcain des Grecs) être symbolique dont nous ignorons maintenant la signification primitive. La considération dont jouissaient ce temple, et les prêtres qui lui appartenaient, s'accrut dans la même proportion que la puissance et l'étendue de Memphis.

Il n'est pas possible de déterminer avec certitude les bornes de cet empire, avant Psammétique. Il est vrai qu'à en croire les prêtres du pays, il embrassait toute la Basse-Egypte jusqu'à la Méditerranée (1). Mais il est difficile de dire s'il comprenait aussi toute la Haute-Egypte, ou si cette partie du pays était occupée par des États indépendans, et à quelle époque ces États disparurent.

A Memphis, comme à Thèbes, il y avait un Pontife et un Roi. (2) L'histoire ne nous dit pas précisément dans quel rapport celui-ci était avec la caste sacerdotale ; mais le récit des prêtres dénote clairement que l'une s'efforçait de tenir l'autre dans une dépendance continuelle, en exigeant de lui l'agrandissement du lieu consacré à la divinité, comme une preuve de soumission religieuse. On cite des exemples très-fréquens de semblables

(1) Hérodote livre 11 p 114.
(2) Hérodote même lieu que ci-dessus.

fondations pieuses faites par des rois, que les prêtres avaient grand soin de surnommer *bons*, c'est à dire *obéissans*. L'histoire nous confirme aussi l'observation déjà faite que le rapport qui existait entre les Rois et la caste sacerdotale différait non-seulement dans les divers États, mais encore dans les mêmes Etats, selon les époques. Les rois *Cheops* et *Chephron* qui s'immortalisèrent en élevant les pyramides furent dépeints par les prêtres comme oppresseurs des peuples et contempteurs des Dieux ; et un passage d'Hérodote nous apprend que ce fut contre la volonté des prêtres ; que ces Rois firent ériger ces monumens célèbres, mais qu'ils furent protégés, dans l'exécution de cet ouvrage, par des pasteurs Nomades du voisinage. (1)

Environ soixante ans avant la souveraineté de Psammétique, l'Egypte devint la proie d'un conquérant Ethiopien qu'Hérodote nomme *Sabacon* (2). Il ne dit pas

______

(1) Hérodote, Liv. II, p. 128.
(2) Hérodote, Liv. II, p. 137, 140.

précisément de quelle contrée de l'Éthiopie ce guerrier était sorti ; mais il est très-probable, qu'il régnait à Méroë. D'après le même auteur, il avait entrepris cette expédition par ordre de l'oracle. Il était sous l'influence de quelques prêtres. On ne le considère pas comme un brigand farouche, mais comme un prince policé, à qui l'Egypte dut la réparation de ses digues et de ses canaux.

En comparant cette relation avec ce que nous savons de la constitution de Méroë, et ce que nous en dit Hérodote lui-même, (1) on avouera que je suis suffisamment fondé à croire que ce conquérant était sorti de l'Etat de Méroë.

Cette domination Ethiopienne, qui dura cinquante ans, semble avoir préparé les grands changemens qui survinrent bientôt en Egypte, sous Psammétique. En effet, quoi qu'au dire des prêtres, le Roi dépossédé, après être demeuré cinquante ans caché dans les ma-

---

(1) Hérodote, liv. II, p. 29.

rais, eût recouvré le trône , il n'en est pas moins vrai que le gouvernement passa aux mains de *Sethon*, prêtre de Vulcain, qui, en réunissant sur sa personne les pouvoirs sacerdotal et royal, toujours divisés, changea l'ancienne constitution, dans un point très essentiel. De plus, il irrita contre lui la caste militaire, en dépouillant les soldats des terres. Ce fut contre ce prince que se dirigea l'expédition du conquérant *Sanherib*, ou *Sannacherib*, citée par les écrivains Juifs, et dont une épidémie survenue dans l'armée ennemie, le délivra, au moment où la caste militaire lui refusait son assistance (1).

Il est à présumer que l'Egypte éprouva alors de grandes révolutions, dont l'histoire ne nous apprend que les résultats, savoir : que les Egyptiens réussirent à se soustraire au joug de *Sethon*, et qu'ils établirent un gouvernement composé de douze princes, dont chacun avait l'ad-

---

(1) Hérodote, liv, II, pag. 141 et 142.

ministration d'une douzième partie de l'Egypte.

Il est sans doute très-vraisemblable que ce morcellement de l'Egypte avait quelque rapport avec la division en Nomes, à moins qu'on ne préfère de croire avec un historien moderne, que ce nombre de douze était précisément celui des Nomes (2). D'après quelques rapports assez obscurs d'Hérodote, il paraît que ces gouvernans étaient tirés de la caste militaire. Mais l'ensemble de ses relations prouve qu'ils étaient soumis à l'autorité du collège sacerdotal de Memphis, et du pontife de cette ville; mais ce plan fut annulé bientôt après, lorsque l'un d'eux, *Psammétique*, auquel le Gouvernement de Saïs, situé dans la Basse-Egypte, était tombé en partage, se défit de ses collègues par le secours de mercenaires Grecs, et s'empara de la souveraineté de l'Egypte.

(1) Voyez les recherches sur les Egyptiens, par Pauw, tom II, pag. 324.

II. *Observations sur la religion et les sciences des Egyptiens, considérées sous le rapport politique.*

Quelque différentes que puissent être les idées qu'on se forme de la religion et des sciences des Egyptiens, tous les observateurs s'accordent sur un point, savoir : que ces deux objets eurent une influence décisive sur la formation, la constitution et le gouvernement des Etats de ce pays. Le pouvoir de la caste dominante était moins fondé sur la violence que sur les connaissances et les lumières dont elle s'efforça de conserver la possession exclusive, parce que leur propagation devait ébranler les appuis de sa puissance. Il entre donc nécessairement dans notre plan de présenter quelques idées sur ces deux objets considérés sous le rapport dont il s'agit ici.

On aurait pu, dès long-tems, lever quelques difficultés de ces recherches, si on les avait représentées avec moins d'appareil, si l'on n'avait pas cherché

des éclaircissemens dans les écrivains pro-
fanes dans et les pères de l'Eglise; c'est-
à-dire, là où il était impossible de les
trouver (1); et si l'on n'y avait point pro-
cédé avec des espérances trop exagérées,
et que l'on croyait satisfaites, parce qu'on
voulait les satisfaire.

Dès que l'on jette un seul regard sur
l'ensemble de l'histoire de l'Egypte; dès
que l'on se pénètre bien de l'idée que
plus de quinze siècles s'écoulèrent, avant
que l'homme pût y parvenir lentement
à un certain degré de civilisation; enfin,
dès que l'on se rappelle ce que j'ai dit
dans les recherches précédentes: que,
dans ce long espace de tems, l'Egypte
fut presque constamment divisée en plusieurs Etats, qui éprouvèrent les révolutions les plus variées, et dont chacun
marcha, de son côté, vers la civilisation,
selon que les localités le lui permirent;
je crois qu'on sera amené à des obser-

---

(1) Voyez le traité de M. HEYNE, déjà cité, *de
fontibus Diod. sic.*

vations fort opposées aux idées que l'on s'est trop souvent formées de la religion et des sciences chez les Egyptiens.

On cessera de considérer leur religion comme un systéme unique et complet. On n'en considérera plus les parties isolées, que souvent le hasard et les circonstances avaient réunies, comme un tout primitivement et expressément lié. Enfin, là ou l'on découvre un systéme dans leur mythologie, on ne sera plus tenté d'en faire un systéme général et commun à toute la caste.

A l'époque où Hérodote vit l'Egypte, elle était réunie en un seul Empire; et, cependant, à l'en croire, les Egyptiens n'adoraient alors que deux divinités (1).

Du reste, chaque Nome avait ses propres usages religieux, de même qu'il avait ses dieux particuliers. Et l'on ne peut déterminer l'époque à laquelle le

____

(1) Hérodote, liv. II, pag. 4. C'est-à-dire, Isis et Osiris.

culte de ses deux divinités devint commun à toute l'Egypte.

Mais, d'autre part, au milieu de toutes
ces différences partielles, il régnait dans
l'ensemble du culte une uniformité qu'on
ne saurait méconnaître. Si les divinités
que les divers Nomes adoraient, et le
culte qu'ils observaient, n'étaient pas
par tout les mêmes, du moins se res-
semblaient-ils beaucoup. Malgré toutes
les nuances qui se remarquent dans la
religion des Egyptiens, elle portait un
caractère général qu'elle dut à l'universalité de la caste sacerdotale et à l'é-
criture hiéroglyphique. La réunion de
l'Egypte en un seul empire y contribua
sans doute ; mais certainement elle
n'en fut pas l'unique cause.

D'après ce qu'Hérodote rapporte des
Egyptiens, une partie de leur religion
était fondée sur le *culte des animaux*,
culte répandu sur toute l'Egypte ,
mais modifié selon les lieux. Ils adoraient de plus une foule d'autres divinités qui n'étaient, très-certainement,

que des êtres symboliques. Ils avaient aussi une quantité de traditions religieuses et un nombre encore plus grand d'usages sacrés, tels que les offrandes, etc.; mais il faut distinguer avec soin cette religion populaire de la religion savante, exclusive aux prêtres. Qu'il me soit permis de faire, sur chacun de ces objets en particulier, quelques observations qui expliqueront en même tems la liaison qui existait entre eux.

Le *culte des animaux* fixa, de tous tems, l'attention des étrangers qui visitèrent l'Egypte, parce qu'il avait en lui quelque chose de bizarre, et qu'il contrastait singulièrement avec tout ce que l'on est accoutumé de voir, au moins en Europe. Les Egyptiens ne se contentaient pas d'adorer plusieurs espèces d'animaux qu'il était défendu de tuer, sous peine de mort; ils bâtissaient encore à chacun d'eux des temples dans lesquels on les entretenait avec le plus grand soin. On leur y apportait des offrandes, et on venait les y adorer comme des divinités. Bien plus, après leur mort, ils étaient embaumés et déposés dans des tombeaux sacrés (1). Mais quoique le culte des animaux fut général en Egypte, il différait cependant dans les divers Nomes ou Districts. Les espèces d'animaux communément adorés par les Egyptiens étaient en petit nombre. Les autres étaient sacrés dans tel lieu, et ne l'étaient pas dans tel autre ; ici, on pouvait impunément les tuer et les manger ; là, on était puni de mort, si on les violait.

Tout ce que nous savons de l'histoire des hommes démontre que l'origine du culte des animaux date de l'époque la plus barbare. Il est certain que ce culte dériva de la même source que celui de plusieurs autres parties de la nature. Mais je regarde comme très-difficile, sinon impossible, d'en mieux éclaircir l'origine ; et cette impossibilité se

---

(1) Voyez le Traité de M. MEINERS, sur le culte des animaux chez les Egyptiens, dans ses *Mélanges*, tom. I, p. 204 à 224.

prouve par l'insuffisance de toutes les hypothèses anciennes et modernes fon-dées tantôt sur la rareté de certains animaux, tantôt sur leur utilité ou le dommage qu'ils pouvaient faire. Il faudrait devenir soi-même sauvage, pour pouvoir juger du rapport dans lequel le sauvage se sent être avec l'animal. Ce ne serait qu'alors qu'on pourrait développer la marche des sensations qui l'ont porté à adorer les bêtes. Pour adopter les raisons déjà citées par les écrivains, il faudrait, selon moi, supposer au sauvage un raisonnement dont il est incapable. Une préference insignifiante pour telle ou telle espèce d'animaux fut peut-être la cause la plus commune de ce culte, quoique je sois bien loin de la considérer comme l'unique (1).

-----

(1) Comparez ce que BOSSMANN rapporte du culte des serpens à Fida, en Guinée, p. 446 et suiv. Ce n'est pas seulement l'espèce de serpens qui y est sacrée et inviolable, mais on y entre

Lorsque l'on considére l'immense Afrique , et que l'on y voit le culte des animaux introduit chez les peuples négres les plus sauvages , depuis les côtes de l'Éthiopie , jusqu'au fond du Sénégal , on ne peut se défendre de croire que ce culte fut également connu de leurs frères les Egyptiens , dès les premiers âges. Si donc nous voulons tirer nos conclusions par analogie , il faut regarder ce culte comme celui des premiers habitans de l'Egypte , et supposer qu'il a peut-être subi, par hasard ou par les progrès de la civilisation , des modifications , mais que certainement il ne fut point inventé à une époque postérieure.

La manière la plus naturelle, selon moi, d'expliquer l'extrême diversité qu'on remarque dans le culte des animaux ,

tient quelques-uns de ces animaux , dans des édifices destinés à ce seul objet , et on les y révère , comme des divinités : ce qui ressemble parfaitement à la pratique des Egyptiens.

est d'attribuer cette diversité à la foule des différentes peuplades qui occupèrent primitivement l'Egypte. C'est une remarque que l'on peut faire sur tous les autres peuples de l'Afrique. Le choix des animaux qu'il fallait adorer semble avoir dépendu, dans l'enfance des peuples, de circonstances minimes et insignifiantes, dont la recherche serait inutile aujourd'hui. C'est ainsi qu'on ne saurait expliquer pourquoi on adorait, dans une partie de l'Egypte, le Crocodile, et ailleurs, l'Hippopotame. Cette préférence dépendait de la religion primitive de telle ou telle tribu. Mais s'il s'agit d'examiner la nature et la diversité du culte des animaux, en Egypte, dans les tems postérieurs, il me paraît hors de doute que ce culte était dans un juste rapport avec l'état politique du peuple, et que la caste sacerdotale l'employait comme un moyen propre à attirer à elle, et à s'allier politiquement les tribus sauvages voisines des lieux où elle s'établissait. Plusieurs passages d'Hérodote nous apprennent que le culte des animaux différait, en Egypte, selon les Nomes. D'après cela, ne serions-nous pas fondés à croire que c'était un usage des prêtres Egyptiens d'attirer dans leurs intérêts les habitans sauvages des lieux où ils voulaient coloniser, en adoptant leur culte, et en admettant dans leurs propres temples, les animaux que ces sauvages considéraient comme sacrés. Néanmoins il est vraisemblable que les révolutions politiques réagirent aussi sur ce culte. Par exemple, quand le taureau sacré de Memphis devint la divinité nationale des Egyptiens, la cause n'en gissait-elle pas dans la circonstance que Memphis était devenue la capitale de toute l'Egypte ?

Outre les animaux sacrés, les Egyptiens adoraient une quantité de *Divinités symboliques*. Isis, Osiris, Phta, Bubastis, Typhon, Orus, etc., sont des noms si connus qu'il suffit de les citer.

Il résulte encore des rapports d'Hérodote, que tous ces dieux n'étaient, en exceptant Isis et Osiris, que des divinités locales. (1)

Phta était le dieu particulier de Memphis, *Ammon,* celui de Thèbes, *Mendes* et *Bubastis* ceux des districts et villes du même nom. Si, d'un côté, cette remarque prouve l'antiquité de ces dieux, de l'autre elle nous apprend qu'il ne faut chercher aucune espèce de systéme *primitif* dans le culte de ces divinités, quoiqu'on ne puisse nier que les prêtres l'aient réduit en systéme, dans la suite des temps.

Il est, je crois, généralement reconnu, et on n'en saurait plus douter, que ces dieux représentaient, daus l'ancienne religion de l'Egypte, certains élémens, certaines parties de la nature, lesquelles furent dès les premiers tems, des objets de vénération pour les hommes, comme elles le sont encore chez les peuples sauvages. Mais à mesure que la religion sacerdotale des Égyptiens se perfectionna, les significations de ces signes varièrent ; ils ne

____

Hérodote, liv. II, p. 42.

furent plus ce qu'ils avaient été originairement dans la religion populaire, et c'est précisément cette différence dans les manières de les expliquer qui obscurcit cette partie des antiquités Egyptiennes.

En rassemblant les éclaircissemens que je viens de donner sur ces objets essentiels, il paraît certain que les prêtres essayèrent d'unir cette ancienne religion populaire à la connaissance de l'*agriculture*, et d'employer la première aux progrès de l'autre, en faisant de leur réunion la base de la civilisation et du perfectionnement politique. Il est inutile de tenter ici de nouvelles interprétations des divinités symboliques; je renvoie mes lecteurs à tout ce qu'on en a dit, jusqu'à ce jour. Il est difficile d'en trouver une qui ne soit pas, plus ou moins, relative à l'agriculture. On aurait, à la vérité, beaucoup de peine à décider jusqu'à quel point les prêtres mirent de l'*intention* dans cette conduite; mais peut-on la regarder comme un pur effet du hasard, lorsqu'on y entrevoit presque partout un plan conséquent et solide?

De plus, les noms de ces divinités servaient incontestablement à désigner d'autres objets *astronomiques* et même *intellectuels*, selon l'opinion de plusieurs savans. (1)

Nous ne devons donc pas nous étonner de voir, chez les Egyptiens, la même divinité avoir des significations symboliques très-différentes. Osiris pouvait très-bien être, sous le rapport physique, ou, si je puis m'exprimer ainsi, dans le systéme

---

(1) Voyez la dissertation que j'ai déjà citée plusieurs fois, de *Theogon. Egyptiorum*, dans les *Commentaires de la Société de Gottingue*, vol. VII. Cette opinion, sur l'existence d'une religion intellectuelle, dès les premiers tems, a été depuis peu, habillement et savamment soutenue par M. Plessing. Cependant, je dois avouer que les idées de cet observateur zélé sont dans une contradiction si directe avec tous les résultats que j'ai pu déduire, jusqu'ici, de l'étude de l'histoire politique et religieuse des peuples, qu'il m'est impossible de les partager avec lui. Je crois que l'auteur du *Memnonium* aurait changé d'opinion sur beaucoup de points, s'il avait plus scrupuleusement examiné les sources où il puisait.

agraire des prêtres, le symbole du Nil, lorsqu'il féconde l'Egypte, et, en même-tems, dans un sens astronomique, celui du cours du soleil ; de même, Isis pouvait représenter, sous le premier rapport, la terre dans son état de fertilité, et dans l'autre sens, les phases de la lune. Il se trouve donc ici, dans les deux manières d'interpréter les symboles, une différence qui n'implique pas contradiction. (1)

L'insuffisance de l'écriture hiérogly-phique fut sans doute la cause du double emploi des symboles. Le nombre des images emblématiques étant trop borné, on fut contraint de se servir du même signe, pour exprimer plusieurs idées. Mais d'un autre côté, il ne faut point oublier que la manière de raisonner des Egyptiens pouvait leur faire appercevoir, entre des idées qui nous paraissent tout-à-fait hétérogènes, un rapport naturel fondé

______

(1) Voyez les obsevations de M. le professeur Tychseng, dans la *Bibliothèque de l'ancienne Littérature*, etc. VIIe cahier, pag. 6 et suiv.

sur certaines circonstances locales qui
nous sont peu ou point connues. Le Nil
et le cours du soleil ne paraissent point
avoir la moindre analogie aux yeux des
habitans de l'Europe ; mais, d'après les
idées des Egyptiens, ils devaient être
très-naturellement liés, parce que ce
fut probablement la crue annuelle du
Nil qui les porta à observer le cours du
soleil. Cette association des idées religieuses des Egyptiens, association entièrement fondée sur les localités, est sans
contredit la partie la plus difficile et la
plus obscure de toutes ces recherches ;
mais c'est aussi la plus susceptible de
donner d'importantes lumières, et c'est
pour cette raison qu'il est indispensable
à l'observateur, qui veut approfondir la
religion des Egyptiens, de se procurer
une connaissance exacte de la nature du
pays et des propriétés du climat.

De l'adoration des êtres symboliques,
devaient naître des traditions religieuses,
relatives à ces êtres imaginaires, et aussi
locales, dans leur origine, que les divi-

nités même auxquelles elles se rapportaient. Nous en trouvons quelques exemples dans Hérodote; (1) mais outre ces
antiques traditions, dont je doute que
l'on puisse expliquer le sens, parce
qu'elles se fondaient sur des causes locales inconnues, il y avait une autre classe
de traditions religieuses, dérivées de ce
que les prêtres faisaient servir les noms
des divinités populaires à représenter
leurs connaissances astronomiques et
scientifiques. On ne devrait jamais confondre ces deux classes, que l'on pourrait distinguer par les dénominations de
traditions populaires, et de *traditions
sacerdotales*. Les premières ne pouvaient
renfermer de mystères. Lorsqu'Hérodote
en fait mention, il ne s'en réfère point à
l'autorité des prêtres, mais à celle des
habitans qui lui avaient assuré que ces
traditions avaient donné lieu aux prati-

---

(1) Par exemple au livre II p. 64, il cite la tradition du dieu Mars à *Papremis*.

ques religieuses, quoique probablement ils en eussent, depuis long-tems, perdu la signification. Les traditions sacerdotales, (dans lesquelles je comprends, par exemple, l'origine et la gradation des dieux astronomiques, etc.) avaient peu ou point d'influence sur la religion populaire, et sur les coutumes religieuses, et dûrent demeurer la propriété des prêtres, du moins, à en juger d'après leur premier but, quoiqu'il soit très-concevable que la ligne de démarcation qui séparait ces deux classes de traditions ne fût pas constamment observée, dans la suite, sur-tout lorsque les prêtres en eurent perdu la véritable signification, et que des explications et des comparaisons Grecques eurent tout brouillé.

Hérodote a dépeint avec tant d'exactitude, dans plusieurs lieux de son ouvrage, les *pratiques religieuses* et les *fêtes populaires* des Egyptiens, qu'il nous a mis en état d'en juger avec sûreté; et ses renseignemens ont d'autant plus de prix qu'ils nous font, en même-tems, con-

naître la manière de raisonner et le caractère des classes inférieures. On ne
peut s'empêcher de conclure de ce qu'en
dit Hérodote, que ces dernières, malgré la
civilisation de la caste dominante, et malgré l'influence que l'agriculture et les arts
paisibles dûrent avoir, elles conservèrent
cependant toujours, dans leur caractère,
des traces du premier état de barbarie
au-dessus duquel elles s'élevèrent très-
peu, sous le rapport de la civilisation morale. En effet, comment pouvait-il en être
autrement, dans un pays où les connaissances scientifiques et toute l'instruction
étaient exclusivement concentrées dans
la première caste? Leurs fêtes et leurs pratiques religieuses étaient, presque sans
exception, dirigées par une espèce de fa-
natisme, semblable à celui des barbares,
qui s'abandonnaient dans ces fêtes, à
une joie brutale, ou à un repentir extra-
vagant. Cette dernière espèce de superstition était plus fréquente chez les Egyptiens que l'autre. Peu de leurs fêtes se
passaient sans mortifications pieuses, et

la majeure partie de leurs offrandes étaient expiatoires. D'autres fêtes, au contraire n'étaient que des actes de joie désordonnée, et portèrent toujours l'empreinte des siècles barbares, dans lesquels le sentiment moral des convenances et de la pudeur est à peine observé. (1)

Chez un peuple de tous tems gouverné par des prêtres, on doit s'attendre à trouver des *oracles*, ce lien le plus propre à enchaîner les peuples sauvages à un culte quelconque. Nous avons vu plus haut, dans Méroë et dans Ammonium, des exemples d'Empires fondés, pour ainsi dire, sur des oracles; et ce que nous savons de l'histoire postérieure de l'Egypte semble démontrer qu'ils n'eurent pas moins d'influence dans les Etats Egyptiens. On ignore si les prêtres, en fondant une colonie dans ce pays, lui joignirent un oracle; mais, au siècle d'Hérodote, il s'en trouvait dans la plupart des villes

_____

(1) Hérodote, liv. II, p. 48.

et des temples Egyptiens. Il cite l'oracle d'Ammon à Thèbes, ceux d'Hercule, d'Orus ou Apollon, de Bubastis, de Mars, de Minerve, chacun dans la ville où ces divinités avaient leur temple. Celui de tous qui avait (on ne sait pourquoi) la plus grande considération, était l'oracle de Latone dans la ville de *Buto* (1). La manière dont se rendaient les oracles n'était pas la même partout. Hérodote assure qu'en général c'était à certaines divinités déstinées à cet usage, qu'il fallait s'adresser ; institution qui procurait à la classe sacerdotale un moyen de plus de conserver la possession exclusive des oracles.

Je crois que tout ce qui précède nous a mis en état de juger jusqu'à quel point les prêtres Egyptiens se servirent de la religion populaire pour fonder et affermir leur domination. J'ai déjà fait observer plus haut la différence qui existait en-

____

(1) Hérodote, livre II, p. 83 154.

Q

tre cette religion et celle des prêtres, qui n'était autre chose que la somme des connaissances scientifiques que la caste acerdotale possédait exclusivement. Qu'on me permette de joindre ici quelques réflexions sur le rapport dans lequel ces sciences étaient avec le systéme social.

L'Astronomie, qui en faisait la majeure partie, ne résulta point tant, à mon avis, de l'inspection du ciel, (quoique, sans doute, elle ait hâté les progrès de cette science,) que de l'usage de l'astrologie, et de son application à l'agriculture. Beaucoup de peuples, qui vivaient sous un ciel aussi pur que celui de l'Egypte, n'acquirent néanmoins aucune connaissance astronomique ; mais il en était peu qui eussent un besoin aussi indispensable que les Egyptiens, d'un calendrier exact, fondé sur des prédictions astronomiques ; car, d'après le sol et le climat de leur pays, les travaux de l'agriculture dépendaient, chez eux plus que chez nous, de certaines époques ou saisons ; et la forme qu'ils donnèrent à leur astronomie, semble trahir cette origine. Ils confondirent cette science avec l'histoire physique de l'Egypte, et tirèrent, de cet amalgame, les symboles avec lesquels ils exprimaient leurs idées astronomiques, ainsi que le prouvent ies exemples cités plus haut, de l'origine et de la signification astrono-mique des noms d'Osiris, d'Isis, etc.

Hérodote nous fait connaître l'usage de l'*Astrologie* chez les Egyptiens (1). Elle fut chez eux, de même que l'Agricul-ture, la cause des principales découver-tes astronomiques. (2) C'était, à ce que dit Hérodote, au moyen de l'Astrologie que les prêtres Egyptiens prédisaient ce que tel homme deviendrait, et quand et comment il mourrait ; le tout, d'après la constellation sous laquelle il était né.

––––––––––––––––––––––––

(1) Hérodote, liv. II, pag. 82.

(2) Voyez, sur cet objet, la première disserta-tion de M. GATTERER, *de Theogonia Egyptio-rum.*

C'était ainsi qu'ils s'emparaient, pour
ainsi dire, de l'existence de chaque citoyen, dès le moment de sa naissance.
Il est même très-probable que le labyrinthe, le plus beau et le plus étonnant ouvrage de l'Egypte, n'était destiné qu'à de
semblables prédictions (1).

La *Médecine*, qui appartenait également à la classe sacerdotale, était
liée à l'astrologie, parce qu'on établissait un certain rapport entre la division du corps de l'homme et les dieux
qui présidaient à l'astronomie, et que
l'on consacrait un membre à chacun
de ces dieux. Delà dériva, sans doute,
l'usage qui établissait des médecins
pour chaque partie du corps et pour
les maladies propres à cette partie (2).
Mais, en général, la médecine consistait
plus en un régime diététique qu'en mé-

______

(1) GATTERER, *de Metempsychosi Egyptiorum*,
dans les *Commentaires de la Société de Gottingue*, tom. IX, pag. 60.
(2) Hérodote, liv. II, p. 84.

dicamens. Les classes inférieures elles-
mêmes, et sur-tout les habitans de la campagne, étaient tenus à un régime prescrit dans leur nourriture et dans l'emploi
des moyens de purgation. Il est vrai que,
sans une connaissance très-exacte des localités qu'on ne peut guères acquérir
dans nos contrées, on ne saurait dire si ce
régime était fondé sur de simples préjugés, ou s'il était le résultat d'expériences
réelles. Mais il faut croire qu'en tout il
était très-efficace, puisqu'Hérodote assure
que les Egyptiens étaient, après les Libyens, le peuple le plus sain qu'il eût vu.

Les renseignemens de cet auteur, et les
fréquentes observations qu'on a été dans
le cas de faire, ont démontré qu'en Egypte
l'agriculture avait créé la *géométrie*, par
la raison que les inondations du Nil obligè-
rent souvent à renouveller l'arpentage des
terres. (1) Cette science dépendait donc
aussi des localités; et si, d'un côté, elle
servit à accroître les connaissances des

---

(1) Hérodote, liv. II, p. 109.

Q 3

prêtres, de l'autre, elle en faisait des juges indispensables pour terminer les fréquentes difficultés qui nécessairement devaient s'élever sur les droits de propriétés territoriales.

Enfin leurs connaissances *historiques* se réduisaient presque toutes à celles des monumens. Les renseignemens qu'Hérodote recueillit sur les premiers tems de l'Egypte ne s'appuyaient point sur d'autres autorités ; et, en effet, les livres sacrés dont les prêtres tiraient les renseignemens qu'ils donnèrent à Hérodote ne contenaient eux-mêmes, après la description de ces monumens, qu'une simple nomenclature de Rois. En tout, l'architecture et l'histoire étaient plus étroitement liées chez les Égyptiens, qu'elles ne le furent chez aucun autre peuple. Les obélisques, qui tiennent le premier rang parmi leurs anciens monumens, paraissent avoir été, dans le principe, élevés à la mémoire de quelque homme ou de quelque événement, quoiqu'on s'en soit servi, dans la suite, comme de simples ornemens. A l'époque

de la splendeur de l'Egypte, les temples
et les monumens publics, indépendamment de leurs autres destinations, semblent avoir servi d'annales, en perpétuant,
au moyen des hiéroglyphes dont ces monumens étaient couverts, la mémoire et
les exploits de leurs fondateurs. (1)

Cet apperçu rapide sur les sciences des
Egyptiens doit nous conduire nécessairement à voir que la caste, qui en avait la
possession, n'était rien moins qu'une
classe d'hommes attachée aux études purement spéculatives. Toutes les connaissances des prêtres, autant que nous pouvons en juger, dérivaient de circonstances
locales et s'y rapportaient. Toutes étaient,
plus ou moins directement, les instrumens
au moyen desquels les prêtres tenaient
habilement les classes inférieures dans

---

(1) Pour bien connaître la nature et la marche
de la science historique des Egyptiens, voyez
principalement la première dissertation de M.
Heyne, *de fontibus Diod. Sic.* dans le Ve. volume
des *comment. de la Société de Gottingue.*

une dépendance constante, en se rendant nécessaires. Toutes tendaient à consolider une domination qui, ainsi que je l'ai remarqué plus haut, se fondait, non sur le pouvoir et l'oppression, mais sur la religion et les connaissances, ou, ce qui revient au même, sur les préjugés et l'opinion.

III. *Remarques sur l'ancien commerce des Egyptiens.*

L'idée que nous nous formons communément des anciens Egyptiens est celle d'un peuple concentré en lui-même, soigneux d'éviter toute relation avec les autres hommes, et qui, renfermé dans son pays, se civilisa sans secours étrangers. Il y a quelque chose de vrai dans cette manière de voir les Egyptiens ; mais j'ose croire que les recherches précédentes l'ont modifiée et rectifiée, sous plusieurs rapports.

Outre le mépris pour les étrangers que les Egyptiens partageaient avec tous les peuples astreints à un certain régime fondé sur des préceptes religieux(1), deux autres motifs semblent avoir autorisé cette opinion, savoir : que les Egyptiens manquaient de commerce de mer, et qu'avant le régne de Psammétique, ils ne cessèrent de fermer l'entrée de leur pays, par mer, aux étrangers (2). Les causes de ces dispositions anti-sociales paraissent si lucides, qu'il est inutile de recourir aux préjugés religieux et aux vues politiques des prêtres, pour les expliquer.

L'Egypte, de méme que toute la partie de l'Afrique qui l'avoisine, manque des bois propres à la construction des vaisseaux de mer. Les derniers Pharaons et les Ptolémées ne purent armer de flottes que lorsqu'ils furent maîtres des forêts de la Phénicie; et l'on sait quelles guerres sanglantes s'élevèrent entre les Ptolémées et les Séleucides pour la possession de ce pays; mais on conçoit aisément que les habitans de Tyr et de Sidon

____

(1) Hérodote, liv. II, p. 41.
(2) Diodore, pag. 61.

ne devaient pas être très-disposés à permettre aux Egyptiens de s'ériger en peuple navigateur, si ces derniers en avaient
eu l'intention.

Le motif qui engagea les anciens Egyptiens à interdire l'entrée de leur pays, par
mer, aux étrangers, s'explique aussi facilement par l'état de l'ancien commerce
maritime. Tous les peuples qui faisaient
ce commerce, dans la Méditerranée,
étaient, en même tems pirates, et faisaient leur principale affaire d'enlever
ceux qu'ils trouvaient sur le rivage. Il était
donc très-naturel qu'un peuple, qui n'avait
lui-même aucun vaisseau à opposer à ces
brigands, ne les souffrît chez lui, sous
aucun prétexte. Néanmoins, on pourrait
avec quelque raison, douter que ce sys-
tême fût sans exception. Homère fait dé-
barquer Ménélas en Egypte, et Diodore
cite dans le même pays un port de mer
nommé *Thonis* (1), auquel il attribue
une haute antiquité.

____

(1) Diodore, pag. 17. On pourrait cependant

Quoi qu'il en soit, nous savons, que lorsqu'il s'agit de l'antiquité, on ne peut calculer la part qu'un peuple y prenait au commerce, par sa navigation, puisque le commerce de terre y était le principal. A la faveur de sa position, l'Egypte ne put éviter d'y prendre part, dès qu'il exista quelque communication entre l'Afrique et l'Asie, ou même entre l'Ethiopie et le Nord de l'Afrique. La nature l'avait destinée à être le point central de presque tout le commerce des caravanes, et elle n'a pu démentir cette destination jusqu'à nos jours, où pourtant le commerce de mer a beaucoup affaibli celui de terre.

Les recherches précédentes nous ont fait connaître les pays avec lesquels l'Egypte était en relation, au moyen de ses caravanes, et les routes par lesquelles elle communiquait tant avec les pays du Niger et Carthage, qu'avec l'Ethiopie. Je

---

croire que cette assertion de Diodore ne dérive que de la confusion du nom de Thonis, dans Hérodote. Confront. Hérodote liv. II, p. 115.

me contenterai de rappeler ici à mes lecteurs un exemple connu, tiré de l'E-criture Sainte; c'est que, dès le tems de Jacob, une route semblable passait de l'Arabie, par l'Isthme de Suez, en Egypte, et que c'était par cette voie que les marchands Madianites transportaient, en Egypte, les aromates et l'encens qu'ils recueillaient, sans doute, dans l'Arabie heureuse (1).

J'ai déjà eu occasion de dire que l'E-gypte recevait, de l'étranger, une quan-tité de marchandises très précieuses. Elle recevait l'or, l'ivoire et les esclaves, de l'Ethiopie; (2) L'encens, de l'Arabie; les épiceries, de l'Inde; le sel rafiné, des dé-serts de l'Afrique, (3) et les vins, de l'Eu-rope et de la Phénicie. (4) Elle fournissait, en échange, ses productions qui, appar-

---

(1) Genèse, chap. XXXVII, vers. 25.

(2) Hérodote, liv. III, p. 114.

(3) Arien, *de expeditione Alexandri*, p. 54.

(4) Hérodote, liv. II, p. 6.

tenant aux besoins les plus indispensables de la vie, avaient un débit constant
et assuré. C'était un des plus anciens
pays à bled, et peut-être un des premiers
qui fabriquèrent les *toiles* de lin et de
coton; manufacture portée en Egypte à
un haut dégré de perfection.

La fabrique des toiles était l'occupation
générale du menu peuple. Les Egyptiens
employaient pour ce travail le métier très-
simple usité dans l'Inde ; (1) mais on ignore
si on leur en doit l'invention, ou s'ils ne
firent que l'emprunter des Indiens. Le
pays produisait du lin et du coton. Si ce
dernier article n'était pas suffisant pour
occuper les tisserands Egyptiens, il leur
était facile de s'en procurer une plus
grande quantité, au moyen de leurs relations avec les pays du sud. Le travail des
toiles était l'occupation des hommes et

---

(1) Voyez les Mémoires pour servir à la connaissance des marchandises, par Beckmann,
Ier. cahier, pag. 11.

non celle des femmes(1) qui, d'après les mœurs des peuples sauvages ou peu civilisés, étaient chargées des plus pénibles travaux du ménage.

Dès le siécle de Moïse, ces manufactures avaient acquis une perfection étonnante. On en a la preuve dans les tapisseries dont on ornait les tabernacles. (2) On les faisait de cent aunes de long, et la plupart étaient chargées d'ornemens d'or ou de broderies. On avait aussi une quantité d'étoffes précieuses dont on faisait les plus riches présens, du tems de Joseph.

Ces produits de l'industrie Egyptienne étaient transportés très-loin, puisqu'ils sont fréquemment cités par des écrivains Juifs et Grecs. Au siècle d'Hérodote, les toiles d'Egypte étaient une marchandise

____

(1) Hérodote, liv. II, pag. 144.

(2) Voyez *Goguet*, tom. II, pag. 861 et suiv. et l'Histoire Universelle de *Gatterer*, pag. 66 et sniv.

aussi abondante que recherchée, en Grèce (1); et, d'après *Scylax*, les Carthaginois en faisaient un commerce d'échange très-lucratif, sur les côtes les plus éloignées de l'Afrique occidentale. (2)

Il est très probable que ces objets de manufacture dûrent leur plus grand mérite aux teintures de Tyr; du moins trouve-t-on des traces qui prouvent que les tapis et les draps étaient un des principaux articles que les Tyriens exportaient de l'Egypte. (3)

Le *commerce des bleds* n'était pas moins important pour l'Eypte que celui des objets d'industrie. Dès sa plus ancienne période, ce pays n'était pas seulement renommé pour son agriculture, mais il était le grenier des contrées qui l'avoisinaient. Du tems de Jacob, une mau-

(1) Hérodote, liv. III, p. 105.

(2) Scylax, pag. 29.

(3) Ezéchiel, chap. XXVII, vers 7. On peut comparer ce passage avec les observations de M. Michaeli.

vaise récolte survenue en Egypte produisit la disette en Syrie, et dès qu'on y apprit qu'il y avait en Egypte des magasins
de bled, on y envoya sur le champ des
caravanes pour en acheter (1).

Le commerce des bleds dut s'accroître
et se perfectionner, lorsque la construction du lac Mœris eut assuré à l'Egypte
sa fertilité, et rendu la disette physi-
quement impossible. Du reste il ne faut
point nous étonner de trouver ce commerce plus rarement cité dans les premiers siécles de l'Egypte qu'au tems des
Ptolémées et des Romains. A cette première époque, l'exportation des bleds se
faisait par terre, et l'on n'ignore pas que
le commerce de terre, moins brillant que
celui de mer, fixe d'autant moins l'attention que sa marche est plus uniforme.
En effet, nos connaissances sur le commerce des caravanes Africaines sont pour

---

(1) Genèse, chap. XLII, vers. 5. Comparez la
traduction et les observations de M. Michaëli.

ainsi dire, une découverte toute moderne ; et cependant l'on ne peut douter que ce commerce n'ait existé pendant une nombreuse suite de siécles, avec très peu de changemens. On peut juger non pas seulement de l'importance, mais même de l'indispensabilité de ce commerce pour l'Égypte, par un passage d'Aristote qui nous apprend qu'une défense d'exporter les bleds arréta tout-à-coup le payement des impositions publiques. (1) Il y avait peu de pays où la fertilité du sol, la facilité du travail et la certitude du gain concourussent plus à encourager les habitans à l'agriculture, et où la caste dominante fût plus naturellement portée à en provoquer le perfectionnement.

Malgré ces nombreux objets de commerce composés des produits du sol de l'Égypte ou de denrées étrangères, il ne parait pas que les Égyptiens exportassent eux-mêmes leurs marchandises. Il faut

(1) Aristote, *de re familiari* Op. II, p. 296.

R

peut-être chercher les raisons de cette
singularité dans certaines circonstances
locales. La position géographique de l'E-
gypte était nécessairement plus favorable pour le commerce de transit, par la
raison que les routes de l'Afrique méridionale et de l'Asie traversaient l'Egypte,
et que ses propres productions étaient
d'une telle importance qu'elle n'avait pas
besoin de les exporter elle-même. D'ailleurs je dois rappeler à mes lecteurs une
observation déjà faite ; c'est que les caravanes Africaines étaient en général plus
composées de pasteurs Nomades que
d'habitans de villes, ou d'hommes accoutumés à des demeures fixes. Il est notoire que l'Egypte est encore aujourd'hui
le pays du monde où le commerce des
caravanes se fait avec le plus d'activité ;
et cependant on voit très peu d'Egyptiens
dans les compagnies de commerce qui
entreprennent ce voyage. La presque totalité de ces caravanes se compose des
peuplades errantes de l'intérieur de l'A-
frique.

Le *Commerce intérieur* se faisait presqu'entièrement par la voie du Nil, auquel le climat de l'Egypte procure, sous ce rapport, des avantages essentiels que n'ont pas les autres fleuves (1). Il est navigable, depuis Eléphantine jusqu'à la Méditerranée, sans interruption, et cesse rarement de l'être dans la saison des chaleurs. De plus, les vents du Nord, à certaines époques de l'année, aident beaucoup à voguer contre le courant.

Les vaisseaux ou barques dont on se servait autrefois, et qu'on nommait *Baris*, étaient entièrement construits des bois que fournissait l'Egypte. On employait à cet usage, des arbres de petite espèce, dont on coupait des morceaux longs de deux aunes, qui tenaient lieu de planches. Les mâts étaient faits du même bois, et les voiles, de bybulus. Hérodote, qui décrit la construction de ces navires, assure qu'il y en avait quelques-uns

____

(1) Maillet, pages 75 et suiv.

en état de porter plusieurs milliers de livres (1).

Les Egyptiens utilisèrent de bonne heure les avantages que leur pays leur procurait pour cet objet. Dès le siècle de Moyse , les vaisseaux du Nil étaient très-communs (2); et , dans la suite, l'Egypte ayant été par tout , et principalement à l'ouest, entre-coupée de canaux, le Nil devint la voie la plus commode, et l'unique moyen de communication, à l'époque du débordement. Les marins formaient , ainsi que je l'ai déjà dit , une des plus nombreuses castes. Le débordement a lieu dans les mois chauds, et alors c'est une véritable jouissance de naviguer sur le fleuve, à cause de la fraîcheur de ses eaux. Il paraît, d'après Hérodote , que c'était dans cette saison qu'on célébrait à *Bubastis*, la fête d'*Arthémis*, une des six principales fêtes nationales des Egyptiens.

____

(1) Hérodote, liv. II, p. 96.

(2) Genèse, chap. II, vers. 5 ; version de *Michaëli*.

A cette occasion, les Egyptiens se promenaient sur des barques, et les habitans des villes qu'ils traversaient se joignaient au cortège, et le grossissaient tellement, qu'il se montait quelquefois jusqu'à sept cents mille ames. Il est naturel de croire que cette fête, dans laquelle on s'abandonnait à toutes les espèces de plaisirs, (car il s'y buvait plus de vin que dans toute l'année) était, en même tems, une espèce de foire très-propre à activer le commerce intérieur de l'Egypte, comme on le voit chez plusieurs autres nations.

CHAPITRE II.

L'Egypte après Psammétique.

DEPUIS l'avénement de Psammétique à la souveraineté de l'Egypte, jusqu'à l'invasion des Perses sous Cambyse, il s'écoula, selon le calcul d'Hérodote, 130 ans. (1) Dans cet intervalle l'Egypte ne cessa d'être un seul empire constamment lié d'intérêts avec les peuples de la Grèce et de l'Asie. Elle compta parmi ses rois quelques grands hommes, qui se

---

(1) Voici la liste des rois Egyptiens, d'après Hérodote. *Psammétique* régna encore trente-neuf ans, après la dodécarchie (617 ans avant J. C.). *Nécon*, seize ans; *Psammis*, six ans; *Apriès*, vingt-cinq ans; *Amasis*, quarante quatre ans; *Psammenite*, six mois. Nécon et Apriès sont également connus des écrivains Juifs. Diodore qui, selon sa coutume, n'observe point d'ordre dans la liste de ces rois, parle de Psammétique, d'Amasis et d'Apriès qu'il croit avoir vécu quatre générations après Psammétique.

rendirent fameux par leurs conquêtes, et réussirent même à former une marine. Nous allons donc voir se dissiper l'obscurité qui couvrait les premiers siècles de l'histoire Egyptienne. En effet, Hérodote observe que c'est à partir de cette époque que ses renseignemens acquièrent quelque certitude historique, et ils sont d'autant plus authentiques, qu'on peut les confronter avec les relations des historiens Juifs, dont les annales font souvent mention de l'Egypte et de ses Rois, à cause des relations qui existaient alors entre les deux Nations.

Il n'entre point dans mon plan d'écrire l'histoire de l'Egypte, à cette époque. Je me bornerai aux observations générales que je croirai susceptibles de jeter quelque lumière sur les objets auxquels ces recherches sont consacrées.

La souveraineté dont Psammétique s'empara, à l'aide de *Mercenaires Grecs* et *Cariens*, fut considérée par une grande partie de la Nation, comme une usurpation illégitime. Il attira contre lui un parti puissant, et se vit dans la nécessité d'employer des étrangers à soutenir le pouvoir que des étrangers lui avaient acquis. Les soldats Grecs reçurent des terres, et formèrent une colonie dans le Nome de *Bubastis*, qui était du nombre de ceux qu'habitait la caste sacerdotale. Cet établissement Grec fut une des causes principales des grandes révolutions qui survinrent en Egypte.

Le mécontentement qu'inspirèrent ces étrangers, se manifesta surtout parmi la caste militaire qui en fut la plus maltraitée. Les soldats avaient déjà été offensés par le prêtre-roi Sethon, qui leur avait enlevé leurs terres ; ils le furent encore plus, lorsqu'ils virent ces étrangers rivaliser avec eux, (1) et ils préférèrent l'émigration à l'humiliation. Psammétique essaya en vain de les retenir ; la plus grande partie abandonna l'Egypte, et s'établit en Ethiopie.

---

(1) Hérodote, liv. II, p. 152. Diodore, pag. 61.

Dès ce moment, les auxiliaires Grecs furent regardés comme le noyau de l'armée Egyptienne, et composèrent la garde personnelle des rois. Ils conservèrent leur demeure à *Bubastis* (où Hérodote vit les ruines de leurs habitations), jusqu'au règne d'Amasis, qui les fit venir à Memphis pour la sûreté de sa personne (1).

Psammétique et ses successeurs fixèrent leur résidence à *Saïs*. Ce prince avoit de grandes obligations aux habitans de cette ville, qui l'avaient rappelé d'exil avant l'établissement de la dodécarchie (2), et il est à croire que ce fut pour sa sûreté qu'il se fixa chez eux ; d'ailleurs il y trouvait un autre avantage, celui d'avoir dans son voisinage des mercenaires Grecs. Quant à ses successeurs, ils ne préférèrent cette résidence, qu'à cause de sa proximité de la mer, et de sa convenance à leurs projets politiques.

------

(1) Hérodote, liv. II, p. 152.

(2) Hérodote, liv. II, p. 152, 163.

Mais malgré ce changement, *Memphis* ne cessa pas d'être la capitale de l'Egypte, et conserva cette prérogative jusqu'à la conquête des Perses. Psammétique qui, sans doute, après l'émigration de la caste militaire, s'efforça de se conserver l'attachement de la caste sacerdotale, ne négligea point de lui témoigner sa soumission, à l'exemple de ses prédécesseurs, par les agrandissemens qu'il fit au temple de Vulcain. Il fit construire à Memphis les Propylées du Sud, et en face de cet édifice, un magnifique temple au dieu Apis.

Ce qui mérite le plus d'être remarqué, dans cette période de tems, est l'esprit de conquête des rois qui se succédèrent depuis Psammétique jusqu'à Amasis. Ces dispositions belliqueuses sont d'autant plus frappantes, qu'elles n'étaient point naturelles à la nation Egyptienne, et qu'elles ne lui furent inspirées que par l'exemple des mercenaires, et par le succès de leurs armes.

S'il en faut croire Hérodote et les

écrivains Juifs, leur projet favori fut la conquête de la Syrie et de la Phénicie. Les opulentes cités de ces pays où affluaient, depuis tant de siècles, tous les trésors du monde, étaient un appât trop séduisant pour qu'ils pussent résister à la tentation de s'en rendre maître. Ils exécutèrent même une partie de ce plan; mais leur ambition tourna à leur propre préjudice, en leur attirant sur les bras des ennemis supérieurs.

Psammétique commença par assiéger *Azotus*, ville - frontière de la Syrie. Il réussit même à s'en emparer, mais ce ne fut qu'après un intervalle de 29 ans, dans lequel il fit sans doute plusieurs attaques malheureuses ; car il est bien difficile de croire qu'un simple blocus ait duré si long-tems. Les succès de son fils et successeur Nécon, furent plus grands et plus rapides. Il battit les Syriens à Magdolus, prit Jérusalem, et envahit toute la Syrie, jusqu'à l'Euphrate (1).

____

(1) Voyez le second livre des Rois, ch. XXVII,

Mais il perdit tous ces avantages aussi promptement qu'il les avait acquis.

Après l'anéantissement de la puissance Assyrienne, on vit la Caldée et Babylone former, dans l'intérieur de l'Asie, un nouvel Etat conquérant qui atteignit, sous Nabuchodonozor, qui y régnait alors, le plus haut période de sa splendeur éphémère. Les vainqueurs Egyptiens et Babyloniens se rencontrèrent à *Circesium*, sur l'Euphrate, et une seule bataille ne ravit pas seulement aux premiers leurs conquêtes, mais les mit même en danger d'être attaqués dans leur propre pays (1).

Une des plus importantes suites de ces conquêtes fut la création d'une *marine*, en Egypte. Les villes commerciales de la Phénicie étaient autant de ports de mer,

---

vers. 29. Hérodote parle aussi de la prise de Jérusalem, qu'il nomme *Cadytis*.

(1) Voyez la description de cette bataille dans Jérémie, et les notes de M. Michaëli.

et les rois Egyptiens ne dûrent pas tarder
à remarquer que, sans flottes, ils ne par-
viendraient jamais à s'en rendre maîtres.
Nécon sentit cette vérité et donna à son
entreprise une extension qui faisait pres-
sentir de plus vastes projets. Il fit construire, en même tems, une flotte dans
la Méditerranée, et une autre dans la
Mer rouge, et toutes deux devaient se
communiquer au moyen d'un canal (1).

Cette dernière entreprise qui parais-
sait devoir changer tout le commerce du
monde, fut exécuté d'abord, en partie,
par Necon, et soixante et dix ans après,
par Darius, fils d'Histaspe. Hérodote qui
vit le canal terminé, et qui n'a pas négligé
d'en donner la description, en dit assez
pour démontrer l'inexactitude des écrivains qui lui ont succédé, lorsqu'ils sou-
tiennent que Darius abandonna son entreprise, parce qu'on lui avait appris que la
Mer rouge était plus haute que la Médi-

---

(1) Hérodote liv. II. p. 158-159.

terranée, et que ce travail ne fut terminé que par le premier Ptolémée (1).

Les raisons qui firent construire ce canal, et la nature de sa construction dénotent qu'il fut moins destiné à recevoir des bâtimens de commerce, que des vaisseaux de guerre ; car on lui avait donné assez de largeur pour que deux trirèmes pussent y naviguer de front (2). Il commençait directement au - dessus de Bubastis, et se prolongeait du nord au sud, jusqu'au - dessus de Memphis, d'où il se dirigeait vers la Mer rouge. Des difficultés locales, telles que les périls de la navigation, dans la partie supérieure du golfe Arabique, furent probablement les principales causes qui contribuèrent à rendre ce canal presqu'inutile au commerce ; car même au tems des Ptolémées, époque à laquelle il était certainement navi-

____

(1) Voyez Strabon, pag. 1157, où l'on trouve, parmi les notes, les témoignages d'autres écrivains.

(2) Voyez le passage d'Hérodote cité plus haut.

gable, on fraya une route pour les caravanes depuis Coptos jusqu'à la Mer rouge; et les vaisseaux, qui venaient des mers du sud, n'allaient pas au-delà de *Myos Hormos.*

La marine des Egyptiens ne dura pas plus que leurs possessions en Asie. *Apries* s'en servit encore pour faire la guerre aux Phéniciens, et leur enlever Sidon (1). Mais elle tomba ensuite dans une telle décadence, qu'Hérodote ne vit plus que les lieux où l'on construisait les vaisseaux (2).

La révolte qui eut lieu en Egypte, après l'entreprise malheureuse d'Apries contre l'Etat de Cyrène, et qui plaça *Amasis* sur le trône, prouve bien que les projets d'agrandissemens des rois Egyptiens n'étaient pas du goût de la nation. Cette révolution donna lieu à une guerre entre les Egyptiens et les troupes

____

(1) Hérodote, liv. II, p. 161.

(2) Hérodote, liv. II, p. 159.

mercenaires (1); guerre dans laquelle les
derniers furent vaincus, et qui fut suivie
de la mort d'Apries. Amasis, dont le
regne fut la plus belle époque de l'Egypte,
préféra un gouvernement paisible à l'éclat
des conquètes, et mourut assez tôt pour
n'ètre pas témoin de l'envahissement de
l'Egypte par Cambyse.

On raconte de diverses manières les
causes de cette expédition ; mais quel
qu'en ait été le prétexte, je pense que
le vrai motif n'était autre que l'opulence
et la prospérité de l'Egypte. Une seule
bataille et un siège de dix jours déci-
dèrent du sort de Memphis et de celui
de tout le pays (2).

Chacun sait de combien de cruautés et
de pillages on accuse Cambyse à l'égard
de la caste sacerdotale et des temples.
On attribue communément à la différence qui existait entre la religion des

---

(1) Hérodote, p. 163.
(2) Hérodote, liv. III, p. 11-12.

Perses et celle des Egyptiens , cette conduite injuste du vainqueur , de même que la haine nationale qui divisa , des ce moment , les deux peuples , et les fréquentes révoltes des Egyptiens , en apparence si opposées au caractère de cette nation , si l'on considère sa conduite ultérieure sous les Ptolémées.

Je crois que l'on se formera une plus juste idée de cette époque de l'histoire, en considérant la conduite des Perses , en Egypte, comme une lutte , non contre les opinions et les pratiques religieuses , mais plutôt contre l'aristocratie sacerdotale établie en Egypte. Quoique sous le gouvernement des derniers Pharaons , les prêtres eussent déjà perdu leur première prépondérance , leur influence politique n'était rien moins qu'anéantie. Psammétique et sur - tout Amasis, les avoient traités avec beaucoup de ménagement : ils leur avaient même donné des témoignages de soumission , en faisant élever de nouveaux temples et embellir ceux qui existaient déjà dans les

principales villes de l'Egypte (1). La
caste sacerdotale était encore le premier
ordre de la nation et possédait, comme
auparavant, outre les connoissances scientifiques, les dignités de l'Etat. Il devait
donc y avoir nécessairement collision
entre les intérêts des prêtres et ceux des
conquérans étrangers ; et la répartition
de leurs temples respectifs devait occasionner de part et d'autre une foule de
mécontentemens, si toutefois il n'y a pas
d'exagération dans ce que les historiens
nous rapportent ; car il ne faut point
oublier que l'on ne connaît Cambyse que
sur la foi des prêtres Egyptiens. L'histoire
des révoltes consécutives des Egyptiens
contre les Perses ne nous est qu'impar-
faitement connue ; et nous ne savons
rien de leur origine et de leurs premiers
développemens ; mais il paraît incon-
testable que les prêtres en furent les
promoteurs, puisqu'ils furent punis pour

---

(1) Hérodote, livre II, p. 175, 176.

cet objet, après la délivrance de l'E-
gypte (1).

D'après ce que nous en savons, le
commerce de l'Egypte n'éprouva de
grands changemens ni sous Psammétique, ni sous les deux princes qui lui
succédèrent immédiatement; car la construction même d'une flotte sous Nécou
n'influa point sur son agrandissement.
Les conquêtes des Egyptiens, et sur-tout
leurs guerres continuelles avec les villes
maritimes de Phénicie dûrent lui être
plus funestes que favorables ; du reste
l'histoire ne nous a point conservé le
moindre éclaircissement sur ce point.

Mais ce fut sous le gouvernement
d'Amasis que le commerce intérieur de
l'Egypte éprouva une révolution générale.

____

(1) Diodore, pag. 448. --- Lorsqu'*Ataxerxès*
eût chassé *Necanebus* et reconquis l'Egypte, les
prêtres furent poursuivis ; on s'empara de leurs
temples et même de leurs livres sacrés, qu'ils
réussirent cependant, dans la suite, à racheter,
moyennant une grosse somme d'argent, par la
médiation de *Bagoas.*

Ce prince , ami des Grecs et plus encore du luxe et des jouissances (1), ouvrit enfin aux vaissaux étrangers les bouches du Nil , si long - tems fermées pour eux ; réforme dont les suites importantes influèrent heureusement sur le caractère moral et politique des Egyptiens.

Naucratis, ville de la Basse - Egypte , située sur le bras du Nil nommé Canopique , à l'embouchure duquel on bâtit ensuite Alexandrie , fut assignée aux commerçans Grecs qui voulurent se naturaliser en Egypte (2). En même - tems on permit aux peuples commerçans de la Grèce de bâtir , en faveur de leurs négoeians voyageurs , des temples qui devaient servir d'entrepôts et de lieux de marchés pour les marchandises importées de Grèce en Egypte.

On peut juger de l'importance de cette innovation par l'empressement que les

----

(1) Hérodote, livre II, p. 173 , 178.
(2) Hérodote , livre II, p. 179.

Grecs , et sur-tout ceux de l'Asie mineure , mirent à jouir de ce privilège. Le plus grand de ces temples que l'on nommait *Hellenium* fut fondé en commun par neuf des colonies Grecques établies en Asie ; c'étaient en Ionie , Chius , Téos , Phocée et Clazomene ; en Doride, Rhodes , Gnide , Halicarnasse et Phaselis ; enfin, en Eolie , Mithylène (1). Plusieurs villes prétendirent , dans la suite , prendre part à cette faveur ; mais Hérodote déclare affirmativement ces prétentions non-fondées. Ceux d'Ægine élevèrent aussi, pour leur commerce , un temple qu'ils dédièrent à Jupiter ; les Samiens , un autre à Junon (2) , et les Milésiens, un troisième à Apollon.

---

(1) Hérodote, liv. II, p. 178.
(2) Samos, un des plus riches Etats de la Grèce , étoit alors sous la domination de Polycrate ami et allié d'Amasis, (voy. Hérod. liv. III , p. 39.) Du reste ce passage peut nous donner un exemple de l'usage commun dans l'antiquité de faire des temples des entrepôts de commerce.

S 3

Amasis en accordant ce privilège aux Grecs, y avait d'abord mis les restrictions que la prudence exigeait. Les vaisseaux Grecs ne pouvaient entrer que dans le bras Canopique et étaient obligés de jetter l'ancre à Naucratis. Si un d'eux entrait dans quelqu'autre des bouches du Nil, il était arrêté, et le capitaine détenu, s'il ne pouvait pas prouver qu'il était entré malgré lui. S'il le prouvait, il lui fallait remettre à la voile, pour se rendre à Naucratis ; ou si le vent du Nord l'en empêchait, il chargeait ses marchandises dans de petits bâtimens Egyptiens qui faisaient le tour du Delta, pour les transporter à Naucratis, par l'intérieur des terres (1). Mais quelque rigoureuse que fût cette loi dans le principe, elle dût tomber en désuétude, lorsque la conquête des Perses eût ouvert les bouches du Nil à toutes les nations.

Les Egyptiens éprouvèrent de très-bonne heure les heureux effets de cette

----

(1) Hérodote, livre II, p. 179.

sage mesure. La prospérité se répandit
sur toutes les parties de l'Empire , et les
Egyptiens mirent le gouvernement d'A-
masis au nombre des plus heureuses époques de leur pays. Les trésors que le
commerce avec les pays de l'or y avait
inutilement entassés , furent rémis en
circulation. Les nouvelles marchandises
que les Grecs y apportèrent , firent naître de nouveaux besoins , mais d'un autre
côté , les débouchés procurés à ces marchandises créèrent de nouvelles branches
d'insdustrie. L'amélioration la plus sensible que produisit ce changement , fut
celle de l'Agriculture. » Les Egytiens, dit
» Hérodote (1) , n'avaient jamais, avant
» cette époque , tiré d'aussi grands reve-
» nus de leurs champs ; » conséquence
naturelle du débit sûr et rapide que leurs
bleds trouvèrent , dès ce moment , en
Europe et en Asie. Amasis lui-même
protégea cette branche de commerce par
de sages lois. Par exemple , chaque ci-

____

(1) Hérodote, livre II , p. 177.

S 4

toyen était tenu , sous les peines les plus sévères, de se présenter tous les ans au magistrat de son district , pour y déclarer son état et ses moyens d'exister (1).

Cependant les Egyptiens achetèrent cette prospérité aux dépens de l'ancien caractère national qui les distinguait. Les commerçans Grecs et leurs courtiers qui formaient à cette époque, sous le titre d'interprètes, une caste considérée dont j'ai expliqué plus haut l'origine , inondèrent toute l'Egypte, et y apportèrent, avec les marchandises grecques , les mœurs et les idées de la Grèce. Mais ce changement devait résulter de l'état des choses, quand même il n'aurait pas été une conséquence des innovations d'Amasis. Il était désormais impossible aux Egyptiens de conserver leurs anciennes coutumes , depuis que les conquêtes et les traités les avaient mis en relation politique avec des peuples étrangers.

L'usurpation des Perses dut d'abord

____

(2) Hérodote, même lieu que ci-dessus.

avoir une influence défavorable sur le
commerce de l'Egypte , et sur-tout sur
celui de terre , qui en souffrit d'autant
plus qu'il était dépendant de la classe
sacerdotale. Cambyse dirigea sa marche
précisément vers les chefs-lieux du commerce des caravanes , c'est-à-dire , contre
Ammonium et l'Ethiopie. Quoique les
mauvais succès de ce prince n'aient
causé qu'une interruption momentanée
dans la marche de ce commerce , il fallut du tems et des peines pour le réta-
blir dans sa première régularité.

Cependant les premiers effets de l'o-
rage une fois passés , l'Egypte parut se
relever rapidement de son état de décadence , sous le sage gouvernement de
Darius. Le tribut annuel qu'il imposa au
pays et auquel il assujettit également la
Libye , Barca et Cyrène , ne montait pas
au-dessus de sept cents talens (1) , en exceptant de ce calcul la contribution en
bled exigée pour l'entretien de la garni-

____

(1) Environ 3,000,000 de francs.

son persane de Memphis (1) et la régale qu'il percevait sur la pêche du lac Mœris, (calculée sur le pied d'un talent par jour pendant les six mois du décroissement du Nil, et d'un tiers de talent, pour les autres mois de l'année) (2). Aussi les Egyptiens ne perdirent-ils jamais la mémoire de ce prince, au milieu de leurs révoltes fréquentes contre les Perses(3).

____

(1) Hérodote, livre III, p. 91. Il n'y avait pas plus de vingt-deux mille hommes de garnison dans cette citadelle. Voyez le passage d'Hérodote que je viens de citer ; mais en outre il existait d'autres garnisons dans les places frontières telles que Syène, Marea et Daphné; mais nous ne connaissons pas leur nombre, et Hérodote ne dit pas qu'elles fussent entretenues aux frais des Egyptiens.

(2) Hérodote, livre II, p. 149.

(3) Après la première insurrection des Egyptiens, sous Xerxès, l'Egypte fut encore plus maltraitée ; ce qui occasionna la révolte d'Inarus. On regrète qu'Hérodote nous ait donné si peu de renseignemens sur l'organisation ultérieure du gouvernement Persan, en Egypte.

Trente ans environ après la mort de Darius, époque à laquelle Hérodote visita l'Egypte, le commerce avec l'intérieur de l'Afrique et l'Ethiopie était déjà ravivé. On indiqua au voyageur Grec les routes qui conduisaient, à travers la Lybie, jusqu'à Méroë, et il compte les produits de l'Ethiopie au nombre des objets de commerce qui, de son tems, venaient des pays du sud (1). Ce que l'Egypte perdit dans son commerce de terre, elle le regagna par celui qu'elle fit avec les Grecs, lequel fut d'autant plus actif et d'autant moins exposé à être interrompu, que la haine de ces deux nations contre les Perses, resserrait doublement leurs liaisons politiques et amicales.

---

(1) Hérodote, liv. III, p. 114. « L'Ethiopie, » pays le plus reculé vers le midi, se prolonge » à l'ouest. Il produit beaucoup d'or, des élé- » phans armés de dents très - longues, toutes » sortes d'arbres sauvages et de l'ébène. Ses » habitans sont les plus beaux, les plus grands » et les plus sains de la terre. »

En tout, la domination des Perses ne nuisit point au commerce , quoiqu'elle eût causé beaucoup de changemens dans celui qui se faisait avec l'Asie (1). Les villes de la Phénicie ne perdirent rien de leur splendeur. Les peuples de l'Asie apprirent à se mieux connaître , et ces relations actives ne purent que réagir favorablement sur le commerce de l'E-gypte. Il est probable que l'Asie se serait élevée d'elle-même à un haut degré de civilisation, si les victoires du héros Macédonien n'eussent décidé de son sort et de celui de l'Egypte , et amené dans tous ces pays un nouvel ordre de choses , tant sous le rapport politique que sous celui de leurs relations commerciales ; mais ces conjectures s'écartent des bornes que je me suis prescrites dans le plan de ces recherches.

____

(1) Voyez sur cet objet ma seconde disser-tation sur l'Inde ancienne : *dè viis mercaturæ indicæ*, dans les comment. de la soc. de Gottingue, tome XI.

ANNEXE.

Dynasties de Manethon, (1).

Les onze DYNASTIES du premier volume sont:

	D'après Africanus.			D'après Eusèbe.		
		Rois	ans.		Rois	ans.
I.	8.	Thinites rég.	253.	8.	Thinites régnèrent	253.
II.	9.	idem	302.	9.	idem	302.
III.	9.	Memphites	214.	8.	Memphites.	198.
IV.	8.	idem	284.	17.	idem.	448.
V.	9.	Eléphantiniens.	248.	31.	Eléphantiniens	
VI.	6.	Memphites	203.		Memphites	203.
VII.	70.	idem. 70 jours.		5.	idem.	75 jours.
VIII.	27.	idem	146.	5.	idem.	100*
IX.	19.	Héracléopolitains.	409.	4.	Héracléopolitains.	100.
X.	19.	idem	185.	19.	idem.	185.
XI.	17.	Diospolitains.	59.	17.	Diospolitains.	59.

Les huit DYNASTIES du second volume.

			ans.			ans.
XII.	7.	Diospolitains.	160	7.	Diospolitains.	245.
XIII.	60.	idem.	184.	60.	idem.	453.
XIV.				76.	Xoïtains.	184 ou 484.
XV.	...	Rois pasteurs Phéniciens	284.		Diospolitains.	250.

(1) *Outre ces fragmens chronologiques des ouvrages de Manéthon conservés dans les chroniques de Syncellus et d'Eusèbe, il en existe encore d'autres qui sont, au moins en grande partie, controuvés et ne peuvent se placer ici. Cette nomenclature des royaumes ou Dynasties de l'Egypte est empruntée de l'Histoire Universelle de Gatterer, pag. 295. Les différences qu'on y remarquera proviennent de celles du manuscrit d'Africanus que ces deux auteurs ont copié.*

F I N.

TABLE
DES MATIÈRES
DU TOME PREMIER.

TOME SECOND.
ÉTHIOPIE.

CHAPITRE PREMIER.

CHAPITRE II.

CHAPITRE III.

ÉGYPTE.

CHAPITRE PREMIER.

L'Egypte avant Psammétique.

T

I.

De la forme et de la constitution des premiers Etats Egyptiens, pag. 134.

I I.

Observations sur la religion et les sciences des Egyptiens considérées sous le rapport politique. pag. 222.

I I I.

Remarques sur l'ancien commerce des Egyptiens. pag. 248.

CHAPITRE II.

ANNEXE.

Fin de la Table des Matières des premier et second Tomes.

FIN.